W0077231

Das Buch

Ungarn – Land des scharfen Gulaschs, der fröhlichen Zecher und feurigen Liebhaber. Für Lysann, Kind der DDR, ist es vor allem das Land der Badeurlaube am Plattensee und Plattenbauten. Eigentlich weiß sie so gar nichts über die Nachbarn im Osten, als sie sich nach ihrem Studium aufmacht, um bei der deutschsprachigen *Budapester Zeitung* als Praktikantin zu arbeiten. Ungarisch, denkt Lysann, lernt man wie alle Sprachen am besten vor Ort. Allerdings hat sie weder mit den Tücken der Grammatik gerechnet noch mit den Widrigkeiten des ungarischen Essens (Schnaps dazu hilft), Straßenverkehrs (Radfahrer sind Freiwild) und Klimas (Winterschlaf erweist sich als Überlebensstrategie). Zu Lysanns Glück sind ihre Redaktionskollegen nachsichtig mit der neuen »Paprikantin« und helfen ihr über so manches Fettnäpfchen hinweg. Nach und nach entdeckt sie die Finessen der ungarischen Lebensart – und lernt vor allem eines: Man muss die Ungarn nicht verstehen, man muss sie lieben.

Die Autorin

Lysann Heller, 1978 in Dresden geboren, studierte in Dresden und Mainz, bevor sie 2003 nach Budapest zog und vier Jahre lang blieb. Nach weiteren Zwischenstationen in Inverness (Schottland) und Berlin verschlug es sie schließlich in eine Brandenburger Hofgemeinschaft, wo sie bis heute gelegentlich sehr andächtig in einem Kesselgulasch rührt.

Lysann Heller

Die Paprikantin

Ungarn für Anfänger

Ullstein

Besuchen Sie uns im Internet:
www.ullstein.de

Wir verpflichten uns zu Nachhaltigkeit

- Klimaneutrales Produkt
- Papiere aus nachhaltiger
  Waldwirtschaft und anderen
  kontrollierten Quellen
- ullstein.de/nachhaltigkeit

MIX
Papier aus verantwor-
tungsvollen Quellen
FSC® C083411

Originalausgabe im Ullstein Taschenbuch
1. Auflage Juli 2008
7. Auflage 2022
© Ullstein Buchverlage GmbH, Berlin 2008
Umschlaggestaltung und Gestaltung des Vor- und Nachsatzes:
Sabine Wimmer, Berlin
Titelabbildung: Getty Images
Satz: Pinkuin Satz und Datentechnik, Berlin
Gesetzt aus der Excelsior
Druck und Bindearbeiten: CPI books GmbH, Leck
ISBN 978-3-548-26860-6

Zur Erinnerung an Tibor Lukács

Inhalt

1   Der vollgepackte Trabbi mit dem
    säuerlichen Geruch   9
2   Einzug in die zukünftige Kommandozentrale   14
3   Nur wer gegen den Sturm kotzt, hat Mut   19
4   Die deutsche Sprache hat viele Augen   24
5   Das labial gebildete A und das unbehauchte P   30
6   Die rechte Hand von Gott und Stephan   35
7   Abenteuerspielplatz szupermarket   40
8   Scheiße, aber stolz   46
9   Der widerspenstigen Waschmagd Zähmung   50
10 Saturday Night Fever im Ostblock   56
11 In wichtiger Agentenmission unterwegs   61
12 Tütenmützen bei den Habsburgern   65
13 Das Prinzip Winterschlaf   69
14 Der Weihnachtsmann spricht Sächsisch   75
15 Party-Hopping zu Silvester   79
16 Brekeke! Nyihaha!   86
17 Mehr als »nett« ist nicht drin   92
18 Dafür sind Mütter doch da   101
19 Hahnhoden und Pálinka   104
20 Die Busós machen fruchtbar   109
21 Mit dem Fahrrad durch die Hölle   112
22 Die Kunst der Inszenierung   116
23 In Szeged ticken die Uhren anders   120
24 Die Ungarn kommen aus dem Weltall   126
25 Nein, wie goldig du bist   132
26 Auf der Suche nach Müll   137

27 Monopoly hinter den Kulissen von Tokaj   141

28 Ungarisch lernt man am besten im
   slowakischen Suff   146

29 EU-Beitritt: Aber nur weil Ghymes auftreten   153

30 Budapest ist Babylon   160

31 Sommernachtstraum im Hinterhof   170

32 Schwebedeckel auf der Margareteninsel   175

33 Ungarisches Meer bezwingen   178

34 Hupen verboten in Rumänien   185

35 Erziehungsmaßnahmen in den Bergen   194

36 Erleuchtung auf der Insel   205

37 Darniederlegen im Debrecener
   Blumenkarneval   213

38 Noch mehr Antworten   219

39 Du und dein Hausmeister   224

40 Heimaturlaub: Ich erkenne die Deutschen
   nicht wieder   229

Nagyon szépen köszönöm   238

1. Der vollgepackte Trabbi mit dem säuerlichen Geruch

Auf Wiedersehen. Ja, das sollte man schon wissen. Auf Wiedersehen gehört ganz klar zu den wichtigen Vokabeln. Heißt: Viszontlátásra. Bitte? Zweiter Blick. In der Tat: Viszontlátásra steht da. Reiseführer näher an die kurzsichtigen Augen halten. Viszontlátásra. Reiseführer drehen. Viszontlátásra. Unglaublich. In touristentauglicher Lautschrift: Wissontlahtahschro. Immer noch unglaublich.

So wird das nichts. Das muss man laut lesen: »Wissonta ... Ah! Was ist das denn für ein Wort?«

Mein Bruder Falk dreht sich kurz zu mir und bringt einen seiner Standardsätze zu Gehör: »Wenn du was wissen willst, frag mich.«

Ich ignoriere ihn und versuche es weiter: »Wissontala, wissontlara, wissont ... Hilfe!« Was heißt eigentlich Hilfe? Blättern. Finden. Segítség. Lautschrift: Schägihtschehg. Alles klar. Ich geb's auf, klappe den Reiseführer zu und sehe aus dem Autofenster.

Wir schreiben das Jahr 2003, es ist November. Genau jetzt, in diesem Moment ziehe ich nach Ungarn und ich habe keine Ahnung von diesem Land. Wochenlang bin ich gefragt worden, ob ich aufgeregt sei, was ich stets wahrheitsgemäß verneinte. Eine Freundin lieh mir ein beeindruckend dickes Buch über Ungarn, das ich geflissentlich in meinem WG-Zimmer verstauben ließ. Dasselbe Schicksal ereilte ein uraltes Lehrbuch namens »Ungarisch für Anfänger« von meinen Eltern.

Statt mich mit der Landesgeschichte und der Nationalsprache auch nur ansatzweise auseinanderzusetzen, behauptete ich in dem mir eigenen postpubertären Größenwahn immer und immer wieder: »Ich kann auf Ungarisch von eins bis zehn zählen, ich kann guten Tag sagen und weiß, was Prost heißt. Mehr brauche ich ja nun wirklich nicht.« Ich muss verrückt gewesen sein.

Okay. Ganz ruhig. Positiv denken. Ich weiß Dinge über dieses Land, verdammt, ich *muss* Dinge über dieses Land wissen. Immerhin bin ich Ossi und somit bildungstechnisch klar im Vorteil, was Osteuropa betrifft. Eine Kommilitonin aus meiner bisherigen Wahlheimatstadt Mainz reagierte auf meine Ansage, dass ich demnächst das Land Richtung Budapest zu verlassen gedenke, mit der Frage: »Welche Sprache spricht man eigentlich in Bulgarien?« Allein daran kann man schon erkennen, dass ich mehr über dieses Land weiß als so mancher bundesrepublikanische Mitbürger. Allerdings hält sich der Beruhigungseffekt dieser Erkenntnis sehr in Grenzen.

Fassen wir mal zusammen: Ich war als Kind dreimal mit meinen Eltern in Ungarn. Vor diesen gefühlten Weltreisen zog mein Vater jede Schraube an unserem papyrusfarbenen Trabant einzeln an und kontrollierte Öl- und Benzinstand mithilfe einer kleinen Messlatte aus (damals noch) Plaste. Meine Mutter schmierte Brote, so genannte Schichtbemmchen, schnitt Äpfel klein und packte das alles in ausgewaschene Milchtüten. Die Fahrt dauerte zwei Tage, also zweimal sechs Stunden – plus diverser Pausen, die nötig waren, weil mein Bruder und ich uns auf der gnadenlos vollgepackten und sauerstoffarmen Rückbank abwechselnd übergaben. Mit Ungarn assoziiert mein Gedächtnis also unweigerlich einen strengen säuerlichen Geruch.

»Ich glaub, mir wird schlecht. Hast du zufällig eine Tüte hier?«

Falk zuckt zusammen, starrt mich an und zischt: »Untersteh dich!«

Ich grinse zurück, packe meine Schichtbemmchen aus und gebe mir Mühe, möglichst flächendeckend zu krümeln. Er hasst das. Mein Bruder hat ein ausgesprochen gestörtes Verhältnis zu Autos. Hatte er schon immer. Irgendwas muss schiefgegangen sein in seiner Kindheit. Ich vermute, es war der unbeabsichtigte Salto mortale, den mein Vater mal mit dem Kinderwagen samt seinem Erstgeborenen vollzog. Der hat einen bleibenden Schaden hinterlassen.

Statt Fahrzeugen mit vier Rädern von da an aus dem Weg zu gehen, kompensierte mein bedauernswerter Bruder sein Trauma, indem er Autos zeit seines Lebens eine lächerlich große Bedeutung zugemessen hat. Im Kindergarten konnte er seine Erzieherinnen nicht auseinanderhalten. Deren Autos aber zählte er mit Typ, Farbe und diversen technischen Daten auf und bekam dafür auch noch die Aufmerksamkeit meiner Eltern, die doch eher mir und meinem Genie zugestanden hätte. Kein Wunder, dass sich diese unfassbar kranke Autophilie bis zum heutigen Tag hält: Mein Bruder »schafft beim Daimler« (!), fährt einen anthrazitfarbenen Benz (!!) und ist auch noch stolz darauf (!!!).

»Wenn auch nur ein einziger Krümel auf meiner Fußmatte landet, fliegst du raus. Ist das klar? Du kannst froh sein, dass du überhaupt hier drin essen darfst.« Ich vergaß, seine Pedanterie zu erwähnen, die er in Fahrzeugen auf die Spitze treibt. Aber man muss Verständnis haben. Der Salto mortale. Er kann ja nichts dafür.

»Weißt du noch, wie wir früher immer nach Ungarn

gefahren sind? Im stinkenden Trabbi?«, versuche ich ihn von seiner Krümelneurose abzulenken.

»Klar, du hast ständig gekotzt.«

»Sag mal, geht's noch? *Du* hast ständig gekotzt!«

»Fresse.«

»Sehr gern.«

Mein Bruder und ich, wir mögen uns. Trotz allem.

Zurück zu dem, was meine innere Suchmaschine zum Stichwort »Ungarn« ausspuckt: Meinen ersten Maiskolben habe ich dort gegessen und meinen ersten Hot Dog. Die gab's nämlich in der DDR nicht, in der »lustigsten Baracke des Ostens« aber schon. Zur gleichen Produktkategorie gehörten auch ausgesprochen schicke Sonnenbrillen. Und ich bekam eine besonders coole, eine sehr schmale mit einem weißen Plastikrahmen, mit der ich später bei jeder Schuldisko auftrumpfte.

»Was weißt du eigentlich über Ungarn?«, frage ich meinen Bruder, um mal eine Zweitmeinung einzuholen.

Ein völlig nutzloser Versuch, wie seine Antwort zeigt: »Audi hat da eine riesige Fabrik. In Győr, Westungarn. Schreibt sich mit gy, wird aber wie dj gesprochen.«

»Audi. Na großartig. Danke für die hilfreiche Auskunft.«

Ich hätte mir denken können, dass der Wissensspeicher meines Bruders garantiert keine wertvollen Hinweise für mich bereithält.

Monchichis! Es gab Monchichis in Ungarn! Noch eine Information! Und was für eine! Als passionierte Daumenlutscherin wollte ich damals natürlich unbedingt so ein Plüschäffchen haben, dem man den Daumen in den Mund stecken konnte. Unter Aufbietung all meiner kindlichen Kräfte habe ich darum gekämpft. Auf den Bauch meines Vaters – damals noch in meiner

Augenhöhe – trommelte ich so lange ein, bis ich endlich glücklich lächelnd mein kleines rotbraunes Monchichi in den Händen hielt.

Im Gegensatz zu meinem Bruder wartet mein Vater gelegentlich mit wirklich sachdienlichen Informationen auf. Mehrmals gab er mir zum Beispiel die zwei ungarischen Sätze mit auf den Weg, die er zusammen mit meiner Mutter in den achtziger Jahren in einer DDR-Volkshochschule gelernt hatte: »Zündkerzen sind unbedingt erforderlich.« Und: »Meine Frau kauft nicht im ersten Geschäft ein.«

Mit solchen weltbewegenden Aussagen hätte ich das Herz eines jeden Ungarn glatt im Sturm erobern können. Aber nein. Statt meinem Vater zuzuhören, habe ich bei meinem letzten Besuch in Dresden seine Plattensammlung durchstöbert. Jetzt weiß ich zwar, was für grandiose Schätze sich dort langweilen, aber ich weiß nichts über Ungarn. Nicht mal, wie man sich ordentlich verabschiedet. Schöner Mist.

2. Einzug in die zukünftige Kommandozentrale

»Jó napot.« Ha! Das hätte der Hausmeister nicht von mir erwartet, dass ich ihn auf Ungarisch begrüße! Schon geschafft. Den hab ich auf meiner Seite, bis dass der Tod uns scheidet. War gar nicht so schwer. Hiermit erkläre ich mich für offiziell integriert, ach was sag ich, ich erkläre mich gleich mal direkt zur ungarischen Staatsbürgerin.

Aber ach. Der Hausmeister antwortet auf Ungarisch. Nach einer kurzen Schrecksekunde greife ich auf Marco Polo zurück. Der weiß immer Rat. Ich schlage erneut die Vokabel-Seite meines Reiseführers auf und stottere dem guten Mann ein »Nem értem« ins verwirrte Gesicht: »Ich verstehe nicht.« Ich nehme an, dieser Satz wird mich in den nächsten Tagen auf Schritt und Tritt begleiten. Und danach kann ich ja dann schon Ungarisch. Laut Plan.

Bis dahin muss ich mir eben ein bisschen mit Englisch behelfen. Dem ungarischen Bildungswesen sei Dank ist der Hausmeister dieser Ausweichsprache auch halbwegs mächtig: »Very good you speak Hungarian.« Oha! Ein Kompliment! Offenbar haben meine Ungarisch-Kenntnisse bereits ein fließendes und völlig akzentfreies Ausmaß angenommen, ohne dass ich auch nur einen Finger dafür krumm machen musste. Toll. So kann das weitergehen. Was hieß noch mal danke? Vergessen. Na ja. Beim nächsten Mal.

Der Hausmeister ist offenbar einer von der zupackenden Sorte, weshalb er umgehend nach meinem CD-Koffer greift, in die andere Hand den Karton mit meiner Stereoanlage nimmt und beides ohne mit der Wimper zu zucken in einen altersschwachen Fahrstuhl stellt. Ich sehe mich irritiert nach meinem Bruder um, den das testosterongesteuerte Wettkampffieber packt. Er nimmt die drei Taschen mit Klamotten und balanciert sie hinter dem Hausmeister her. Ja, spinnen denn hier alle? Wozu der Stress? Ich schnappe mir schulterzuckend meine Umhängetasche und meine Jacke. Irgendeinen Vorteil muss es ja haben, als Mädchen auf die Welt gekommen zu sein.

Der Fahrstuhl ist definitiv zu klein für fünf Taschen und drei Menschen. Zudem gehen die wackligen Klapptüren nach innen auf. Wir klettern also zwischen den Gepäckstücken herum und drücken uns unfreiwillig intim aneinander, um die Türen schließen zu können. Der Fahrstuhl zögert, holpert, stockt, bringt uns dann aber doch erstaunlich reibungslos in den fünften Stock zu meiner zukünftigen Kommandozentrale.

Diese tarnt sich allerdings auf den ersten Blick geschickt als nicht ganz stilsicher eingerichtete Altbauwohnung. Irgendjemand muss hier das Sendekonzept diverser Radiosender in Form von Möbeln umgesetzt haben: die ästhetischen Tiefpunkte der siebziger, achtziger und neunziger Jahre – vereint auf etwa fünfundzwanzig Quadratmetern. Moosgrüne Sessel paaren sich unvorteilhaft mit einer karierten Schlafcouch, brüchigen dunkelbraunen Schrankteilen aus einem früheren Leben und einem bitterbunt gemusterten Teppich. Schön ist das alles nicht, aber Schönheit ist schließlich auch nicht alles.

Zumindest der Blick vom Balkon kann sich sehen lassen: Das spektakulär beleuchtete Parlament ist zu erkennen, und wenn man sich ganz weit raus und nach rechts lehnt, sieht man sogar ein Stückchen Burg. Nicht schlecht für den Anfang. Bezüglich der nächsten Bleibe kann ich mich ja dann direkt zwischen Parlament und Burgviertel entscheiden.

»Meine Fresse, ist das 'ne Bruchbude«, versucht Falk, meine aufkeimende Euphorie in Grund und Boden zu treten.

Aber nicht mit mir. »Kannst ja verschwinden, wenn's dir nicht passt.«

»Mach ich auch. Ich geh mal was zu essen kaufen.«

Da möchte ich natürlich mit. Zusammen mit dem tüchtigen Hausmeister fahren wir also wieder nach unten und erkundigen uns unterwegs nach einer Tankstelle. Doch der Eingeborene hat gute Nachrichten für uns: In Ungarn gibt es kein Ladenschlussgesetz. Jedes Geschäft ist so geöffnet, wie es sich für den Besitzer lohnt. Das heißt: Direkt um die Ecke wartet ein Lebensmittelladen bis 22 Uhr auf Kunden. Und eine Straße weiter kann sogar rund um die Uhr eingekauft werden. Nie wieder Tankstelle. Großartig.

In einem kleinen alten Eckladen Marke Tante Emma greift Falk sofort zielsicher nach einer Zwei-Liter-Plastikflasche Billigwein. Ich rümpfe die Nase, besorge aber ohne Widerrede die festen Nahrungsmittel und frage nach Zigaretten – in meinem besten Schulfranzösisch, versteht sich:

»Gauloises Blondes light?«

»Tessék?«

»Gauloises? Rouge?«

»Ah, oui! La Grande Nation! Très bon!«

Der Mann spricht Französisch! Ach was, er röhrt Französisch – und macht damit jedem Jacques Chirac dieser Welt Konkurrenz. Den mag ich. Er mich offenbar auch, weswegen er mir beim Rausgehen die Tür aufhält und mir als Krönung auch noch eine Rose in die Hand drückt. Der Ungar an sich scheint sehr charmant zu sein. Hier bleib ich erst mal.

Es ist ja nicht so, dass ich mich freiwillig für Ungarn entschieden hab. Nein. Das Land hat sich vielmehr für mich entschieden. Und das kam so: Sobald ich die offizielle Bestätigung für meine herausragende akademische Begabung in Form eines Abschlusszeugnisses in den Händen hielt, schickte ich eine hochmotivierte E-Mail an alle Welt – na gut, an alle deutschsprachigen Zeitungen im Ausland: »Ich bin arbeitswillig und -fähig. Wer möchte mich beschäftigen?«

Darauf erhielt ich recht amüsante Reaktionen: Ein Korrespondent in Tokio unterhielt sich mit mir über die Trinkfestigkeit der Japaner. Ein Team von Wissenschaftlern am Nordpol informierte mich darüber, dass ihre Publikation lediglich ein kleines Faltblatt mit Neuigkeiten für die daheimgebliebenen Familien ist. Eine Zeitung in der Ukraine hätte mich mit Kusshand genommen, allerdings in keiner Form bezahlen können. Die Korrespondentin bei *Le Monde diplomatique* verwies mich an die *taz*. Und ein Chefredakteur aus Thailand bot mir Unterkunft und Verpflegung in seinen eigenen vier Wänden an. Aber bevor ich dazu kam, ihn zu fragen, ob wir dann neben dem Tisch auch das Bett miteinander teilen müssen, schrieb mir Gunnar.

Gunnar, Chefredakteur der *Budapester Zeitung,* schaffte es, mich mit etlichen begeisterten E-Mails und einem seriösen Angebot davon zu überzeugen, dass meine nächste Anlaufstelle Ungarn sein würde. Zu diesem Angebot zählt ein Gehalt, mit dem man seiner Ansicht nach in Budapest überleben kann, und eine Wohnung, die mir die Redaktion zur Verfügung stellt: im noblen zweiten Bezirk auf der Budaer Seite der Donau gelegen – und kostenlos. Na ja, die Nebenkosten muss ich selbst zahlen, aber das wird schon nicht so schlimm sein. Leider vergaß Gunnar zu erzählen, dass der zweite Bezirk nicht ausschließlich aus Villen besteht, sondern auch traurige Bauten aus der Nachkriegszeit aufweist. Wie den meinigen. Dafür treffen wir uns aber morgen bei einem Empfang in der deutschen Botschaft. Wenn das mal kein angemessener Einstieg ins Berufsleben ist, dann weiß ich auch nicht.

3. Nur wer gegen den Sturm kotzt, hat Mut

»Ey! Wach auf! In einer Dreiviertelstunde klingelt der Wecker!«

»Na und?«

»Wollt ich nur schon mal ankündigen.«

»Und deshalb weckst du mich?«

»Klar.«

»Lass mich schlafen.«

»Hmm, dann werd ich mal sehen, was so im Fernsehen kommt.«

»Argghhh!«

Ich beiße verzweifelt in meine Faust und frage mich einmal mehr, welche Daseinsberechtigung eigentlich große Brüder haben. Noch bevor ich überhaupt das Licht der Welt erblickte, um diese zu retten, war ich schon bestraft worden. Für nichts und wieder nichts. Und auch noch mit der Höchststrafe: einem großen Bruder, der nicht nur an Schlaflosigkeit zu leiden scheint, sondern auch so gar keinen Anspruch hat, was den Genuss von Alkohol betrifft.

Der Plastikflaschenwein von Tante Emma oder besser vom charmanten Rosenkavalier hatte nämlich verheerende Folgen: Nach zwei Gläsern bin ich gestern Nacht umgehend in einen komaähnlichen Schlaf gefallen. Einfach so. In meinen Klamotten. Eingeschlafen. Einige Stunden später bin ich wieder aufgewacht und mit schlafwandlerischer Sicherheit in den Kleiderschrank gestiegen. Ich dachte, das sei die Tür zur

Toilette. Da war ich wohl ein wenig verwirrt. Falk hat mich schließlich davon abgehalten, es mir im Schrank gemütlich zu machen. Irgendeinen Sinn scheinen also sogar große Brüder zu haben. Allerdings hat er mich direkt im Anschluss des einzig verfügbaren Kopfkissens beraubt. Das mit dem Sinn überlege ich mir also noch mal.

Im Übrigen hat er nichts Besseres zu tun, als mitten in der Nacht – okay, es ist acht Uhr morgens – das Frühstücksprogramm eines deutschen Fernsehsenders einzuschalten. Abgesehen davon, dass mir das gesamte Konzept solcher Sendungen völlig fremd ist (ich meine, wer frühstückt denn vor neun Uhr morgens?), hab ich gerade wirklich kein Interesse an meinem persönlichen Horoskop für den Tag. Aber ich lasse ihn gewähren. Immerhin hat mein Bruder mich nach Budapest chauffiert. Und dafür gebührt ihm Dank – oder zumindest Toleranz. Auch wenn's schwerfällt. Außerdem: der Salto mortale. Er kann ja nichts dafür.

Also rolle ich mich schwerfällig aus dem Bett und begebe mich ins Bad. Dabei fällt mir auf: Es gibt keine Waschmaschine.

»Falk, ich hab keine Waschmaschine!«

»Dreckige Klamotten fallen bei deinem Erscheinungsbild auch nicht weiter auf.«

»Danke für die Anteilnahme.«

Hoffentlich weiß der gute Hausmeister diesbezüglich Rat. Den werde ich heute Abend mal befragen. Auf Ungarisch natürlich. Bis dahin hab ich das drauf. Kein Ding.

Da fällt mir ein: Heute Abend wird es keinen großen Bruder mehr geben. Er fährt im Laufe des Tages zurück nach Esslingen, um »zum Wohle der Daimler-Aktionäre zu schaffen«, wie er das ausdrückt. Wir können nicht miteinander verwandt sein, er und ich. Das ist unmöglich. Völlig ausgeschlossen. Aber trotzdem: Heute Abend bin ich allein in der großen weiten Welt. Muss das denn sein?

»Falk? Und was ist, wenn der Chefredakteur doof ist?«

»Dann schickst du mir 'ne SMS und ich hol dich wieder ab.«

Große Brüder haben tatsächlich eine Daseinsberechtigung.

Doch meine Sorge ist völlig unbegründet: Gunnar ist nicht doof, sondern nett. Wir treffen uns in der majestätischen Residenz der deutschen Botschaft auf dem Gellértberg, wo ein informelles Treffen deutscher Journalisten und Korrespondenten stattfindet. Ich betrete den Saal und stelle fest: Ich bin völlig underdressed. Alle haben sich in Schale geworfen, sind in Schlips und Kragen erschienen und ich ziere diese schnieke Modenschau mit meiner Lederjacke, den Zimmermannshosen und Doc Martens. Toll.

Aber hey, ich bin Berufseinsteiger, man muss mir bestimmte Dinge einfach nachsehen. Basta. Ich gehe zu jedem Anwesenden hin, reiche ihm die Hand und stelle mich vor. Macht man ja so unter Profis. Oder? Gunnar erklärt mir später, dass man das nicht so macht. Oh. Na ja. Einsteiger. Anfänger. Vielleicht sollte ich mir gleich mal ein großes A auf den Rücken kleben.

Die Botschafterin ist trotz meines Aufzuges überaus freundlich zu mir. Während der Begrüßung entdeckt sie allerdings an meinem Jackenrevers einen Button mit der Aufschrift: »Nur wer gegen den Sturm kotzt, hat Mut.« Mist. Wollte ich den nicht noch abnehmen? Vermasselt. Ich werde nie ein Profi werden. Sie aber guckt verdutzt, grinst schließlich breit und sagt leise zu mir: »Wo Sie recht haben …«

Aha. Die spielen hier also alle nur Theater, tarnen sich als Diplomaten und verstecken sich hinter teuren Anzügen, ticken aber insgeheim ganz anders. Na dann.

Auch die Botschafterin ist quasi Anfänger: Seit zwei Monaten weilt sie erst in Ungarn und heute will sie sich mal von den Experten der vierten Gewalt einweihen lassen in die politischen Geheimnisse des Landes. Da bin ich ja genau richtig. Ich weiß nicht mal, welche Ausrichtung die derzeitige Regierung in Budapest hat, geschweige denn, wie die einzelnen Parteien und Protagonisten heißen. Und während der Gesandte der Botschafterin immer mal wieder Erklärungen ins Ohr flüstert, übernimmt Gunnar selbigen Job bei mir.

Die Regierungskoalition besteht aus einer sozialdemokratischen und einer liberalen Partei. So weit, so gut. Allerdings scheint das Parlament der reinste Kindergarten zu sein. Beim geringsten Anlass beschimpfen sich die einzelnen Abgeordneten auf unterstem Niveau oder ganze Fraktionen verlassen aus Protest geschlossen den Plenarsaal. Kommt ein Politiker der gegnerischen Seite zu einem Termin, sagt man selbst diesen Termin eben ab. Wer nicht für die eigene Partei ist, ist gegen Ungarn. Das verspricht, unterhaltsam zu werden. Hier herrschen offenbar noch leidenschaftliche Herzen, keine eingeschlafenen Füße.

Und auch die Presse polemisiert fleißig mit: Jede Zeitung ist einer Partei verbunden, berichtet eindeutig subjektiv und unternimmt nicht mal den Versuch, das zu verschleiern. Das bedeutet auch, dass bestimmte Politiker bestimmten Medien grundsätzlich keine Interviews geben und dass im Wahlkampf der Kommentar dem Bericht den Rang abläuft.

»Gunnar, wo stehen wir eigentlich?«

»Wir versuchen, objektiv zu berichten. Man sagt uns allerdings nach, liberaler zu sein als die Mitte.«

Na, das beruhigt doch erst mal. Gunnar ist auf der menschlichen Ebene sympathisch, die Zeitung auf der politischen Ebene. Nichts scheint dagegen zu sprechen, dass ich von hier aus den Aufbau Ostblock vorantreiben kann.

Nach dem Empfang und den auf Silbertabletts dargereichten Schnittchen, die mir über meinen Plastikflaschenwein-Kater hinweghelfen, fahren Gunnar und ich in die Redaktion nach Óbuda, dem ältesten Stadtteil Budapests. Während der Anreise wird mir klar: Als Fußgänger sieht man hier permanent dem Tod in Form von Autoscheinwerfern ins Auge. Zebrastreifen und grün leuchtende Fußgängerampeln dienen nur der Auflockerung des Stadtbildes. Einen weiteren Zweck haben sie nicht. Und es gibt kaum Fahrradfahrer, weil die wahrscheinlich längst in der Statistik der Verkehrstoten gelandet sind. Dafür fahren aber bestimmte Busse die ganze Nacht durch und eine Monatskarte kostet vergleichsweise wenig Geld.

Ein Blick auf die Informationstafel der Budapester Verkehrsbetriebe überzeugt mich zudem davon, dass Schwarzfahren noch viel billiger ist. Ein Bußgeld kostet weniger als eine halbe Monatskarte. Das bedeutet: Wenn ich mich nicht öfter als zweimal im Monat erwischen lasse, lohnt sich Schwarzfahren. Gunnar erklärt mir, dass schwarzfahren auf Ungarisch bliccelni heißt, blitzen sozusagen. Er meint, das stamme aus dem Deutschen oder besser dem Österreichischen, wie einige andere ungarische Wörter auch. Die Österreichisch-Ungarische Monarchie, klar. Wusste ich's doch, dass diese Sprache ein Klacks ist. Mit links werd ich die lernen, aus dem Handgelenk heraus, nicht mal außer Atem kommen werde ich dabei.

4. Die deutsche Sprache hat viele Augen

Ankunft in der Redaktion. Großes Hallo. Nur nicht für mich. Gunnar begrüßt alle Anwesenden und vertieft sich umgehend in ein Gespräch mit der Layouterin. In ein ungarisches Gespräch wohlgemerkt. Sehr integrierend. Aber egal, das ist wenigstens ein guter Anlass, mal mein Hörverstehen zu testen.

Tja, ich möchte sagen, da hapert es noch ein wenig. Nach fünf Minuten konzentrierten Ohrenspitzens kann ich folgende Zusammenfassung geben: »Also, irgendwie ging's um eine Ildikó, glaub ich. Mein Name kam auch vor. Und du hast einmal nein gesagt, wenn ich das richtig verstanden hab. Hab ich das richtig verstanden?«

»Ganz genau«, meint Gunnar grinsend und schiebt mich zu meinem Schreibtisch.

Das also ist er: mein erster Vollzeit-Arbeitsplatz, die Startlinie, von der aus ich unweigerlich zu Ruhm, Ehre und dem Pulitzer-Preis gelangen werde. Dafür sieht er aber recht profan aus, der Arbeitsplatz. Tisch, Telefon und Computer. Das war's.

»Den Rest musst du dir zusammensuchen. Und nachher kommst du zu mir und holst dir deine Termine für diese Woche ab.«

»Sir, yes, Sir.«

»Ordentlich. Wusste ich's doch, dass du trotz deiner sächsischen Herkunft ein guter Fang bist. Wir stellen ja eigentlich nur deutsche Muttersprachler ein. Bei dir hab ich eine Ausnahme gemacht.«

Solche Sätze können echt auch nur Menschen von sich geben, die aus Städten wie Hannover kommen. Ich meine, Hannover! Gerhard Schröder! Die Scorpions! Oliver Pocher!

Bevor ich Luft holen kann, um seinem völlig ungerechtfertigten Lokalpatriotismus auch noch die letzte Grundlage zu entziehen, erhalte ich schon Rückendeckung von unbekannter Seite: »Sachsen? Hab ich Sachsen gehört?«

Gunnar stellt mir die Stimme vor. »Das ist Flóra, Ungarin mit düsterer sächsischer Vergangenheit.«

Sie sieht mich prüfend an und fragt: »Und was machst du hier?«

»Ich arbeite an meinem ersten Pulitzer-Preis.«

»Ungar.«

»Bitte?«

»Pulitzer war Ungar.«

»Aha. Na, umso besser.«

»Franz Liszt auch.«

»War der nicht Österreicher?«

»Ungar. Genau wie Tony Curtis.«

»Na klar. Tony Curtis auch.«

»Nee, ernsthaft. Tony Curtis ist Ungar. Seine Vorfahren hießen Kertész und er nennt sich jetzt Curtis.«

»Und was ist mit Jesus? War der auch Ungar?«

»Hmm, wäre 'ne Überlegung wert.«

Im Laufe des Gesprächs erfahre ich nicht nur weitere prominente (ursprünglich) ungarische Namen, sondern auch, dass Ungarn das Land mit den meisten Nobelpreisträgern ist. Dabei scheint eine ungarische Abstammung bereits dann gegeben zu sein, wenn der Urgroßonkel väterlicherseits mal einem Ungarn die Hand geschüttelt hat.

»Vielleicht bin ich ja auch heimlich Ungarin?«, versuche ich mich einzuschleimen.

»Wann wurde der Vertrag von Trianon geschlossen?«

»Der Vertrag von was?«

»Keine Ungarin, ganz eindeutig. Na ja, ist nicht so schlimm. Aus dir wird auch noch mal was.«

So eine ist Flóra und ihre düstere Vergangenheit verlebte sie als Kind nicht nur in Sachsen, nicht nur in Dresden, nein, in Dresden-Prohlis, einem Plattenbauviertel, das auch mir als Kinderstube diente.

Während wir herauszufinden versuchen, ob wir denselben Kindergarten besucht haben, mischt sich der Hannoveraner betont streng ein: »Frühkindliche sozialistische Volksbildung hin oder her – wir sind hier, um eine Wochenzeitung zu füllen.«

Also trabe ich ergeben hinter ihm her zu seinem Platz und lasse mich mit Terminen für die Woche zuregnen: Im Goethe-Institut lesen zwei prominente Schriftsteller, die deutschsprachige evangelische Gemeinde feiert irgendeinen Jahrestag und im Ethnographischen Museum wird die Ausstellung »World Press Photo« eröffnet.

»Ich nehme alle drei Termine«, gebe ich mich strebsam. Guter Eindruck kann ja nie schaden.

»Dann nimm aber die Kamera mit«, kommt wenig beeindruckt zurück.

Die Kamera? Fotografieren? Ich? Bluffen, es geht ums Bluffen. Denk an die Botschafterin. Ich setze mein undurchsichtigstes Pokerface auf, werfe ihm ein souveränes »Klar« hin, erledige ein paar Telefonate und verlasse das Gebäude.

Das Goethe-Institut liegt ausgesprochen repräsentativ auf der Andrássy út, die – wie mir Marco Polo erzählt – Ende des neunzehnten Jahrhunderts nach dem Vorbild der Champs-Elysées gebaut wurde. Deshalb also

»Paris des Ostens«. Die Villen der breiten Allee ähneln inzwischen aber eher dem, was eine gute Freundin von mir gern als »rotten beauty« bezeichnet: Jeder Winkel birgt den dumpfen Glanz längst vergangener Pracht, dunkelgrauer Putz bröckelt von den reich verzierten Fassaden und die gusseisernen Straßenlaternen lümmeln recht windschief in der Gegend herum. Im Kontrast dazu stehen die luxussanierten Designer-Geschäfte, Galerien und Friseurläden, die keinen einzigen Kunden, dafür aber horrende Preise aufweisen. Kurz: Die Andrássy út gleicht einer heruntergekommenen Adligen, an der ein übereifriger Schönheitschirurg ein paar kleine Operationen vorgenommen hat.

Goethe (ein Ungar?) wohnt in direkter Nachbarschaft der Oper und hat heute zwei seiner Kollegen eingeladen: Terézia Mora und György Dalos (Ungarn! gleich zwei!). Ich stelle mich der Leiterin des Goethe-Instituts (keine Ungarin!) vor und sehe ihr an der Nasenspitze an, dass sie meinen Namen im nächsten Moment schon wieder vergessen hat. In ihrem Kopf ist kein Platz für schnöde Namen, da warten grundlegende Weisheiten darauf, endlich ans Licht der Welt kommen zu dürfen.

Sie lässt sich zu einem Smalltalk mit mir herab und schwärmt mir verliebt vom Bildungsauftrag ihrer Einrichtung vor: »Die deutsche Kultur, wissen Sie, die deutsche Sprache. Ach, die deutsche Sprache, die hat ja so viele … Augen!«

»Augen? Wie meinen Sie das denn jetzt?«

Sie aber bleibt mir die Antwort schuldig und schwebt auf einer Wolke der Erkenntnis davon. Augen. Die deutsche Sprache hat also Augen, ganz viele sogar. Was das wohl heißen mag.

Dann betreten die beiden Autoren die Bühne, lesen aus ihren Büchern vor, reden über Ungarn, reden über

Deutschland und darüber, in welchem Land man als Schriftsteller ein leichteres Los hat. Im Anschluss dürfen die Zuschauer Fragen stellen.

Als pflichtbewusste Journalistin melde ich mich natürlich sofort zu Wort. »Ich habe eine Frage. Also, eigentlich sind es zwei Fragen. Und weil ich diese Fragen Ihnen beiden stellen möchte, sind es genau genommen schon vier Fragen«, leite ich etwas umständlich meine investigative Ermittlung ein und ernte statt des erwarteten ehrfurchtsvollen Raunens nur Gelächter. Mein A! Wo ist mein A wie Anfänger? Gebe mir doch bitte jemand ein A!

Nach dem offiziellen Teil verschwinden die beiden Goethe-Kollegen in der Menge und lassen sich auf Gespräche mit potenziellen und tatsächlichen Lesern ein. Mich würde ja eigentlich brennend interessieren, was es nun mit diesen Augen der deutschen Sprache auf sich hat, aber ich habe hier immerhin noch eine Mission zu erfüllen: fotografieren.

Also scheue ich weder mürrische Seitenblicke noch gemurmelte Einwände, sondern versuche tapfer, die beiden Hauptpersonen aus verschiedenen Konversationen herauszukomplimentieren. Die zwei Schreiberlinge sind allerdings schwerer zu disziplinieren als das ungarische Parlament: Sobald ich den einen endlich an der Hand halte, ist die andere garantiert schon wieder im Dunstkreis gesprächiger Gäste verschwunden.

Irgendwann habe ich die beiden so weit: Vor einem aussagekräftigen Hintergrund stehen und gucken sie endlich exakt so, wie ich mir das vorgestellt habe. Ich nehme sie höchst professionell ins Visier, will abdrücken und stelle fest: Die Batterie der Kamera ist leer. Tja, das exklusive Fotoshooting muss aus technischen Gründen leider ausfallen.

Aber es tut mir nicht mal den Gefallen und fällt aus, sondern kommt statt meiner der Kulturtante der deutschsprachigen Konkurrenzzeitung *Pester Lloyd* zugute, die sich einfach so dazugesellt hat. O Mann, bis ich mir das A vom Rücken nehmen kann, wird es noch eine ganze Weile dauern.

5. Das labial gebildete A und das unbehauchte P

Nach einigen Schnittchen, Weinchen und Gesprächchen auf Kosten des Gastgebers (kein Ding, Goethe zahlt) verabschiede ich mich von der Institutsleiterin: »Danke für die Einladung. Auf Wiedersehen.«

»Gerne. Auf Wiedersehen, Frau ...«

»Heller, mein Name ist Heller.«

Das mit den Augen konnte ich leider nicht mehr klären, dafür habe ich mich aber an anderer Stelle mal erkundigt, was Waschmaschine auf Ungarisch heißt: mosógép. Mit diesem Wort im Repertoire sollte es mir doch gelingen, eine ausgereifte Konversation mit dem Hausmeister meines Vertrauens zu führen.

Ich steige also in die U-Bahn, die ein Original-Erzeugnis des großen Bruderstaates ist und beweist, dass sogar die sowjetischen Künstler zumindest gelegentlich durchaus vom sozialistischen Realismus abweichen durften: Die futuristischen Deckenlampen hätte Stanley Kubrick gut in seinem Film »Clockwork Orange« gebrauchen können und die Sitze zieren Muster, die der Designer in einem einzigen langen LSD-Rausch entworfen haben muss. Sehr schön. Nur die gelangweilte Masse an Feierabendungarn will so gar nicht ins psychedelische Gesamtkonzept passen. Wie kann man denn in solch einem Fahrzeug ernsthaft gähnen, lesen oder sich mit seinem Nachbarn unterhalten?

Wenig später springe ich gut gelaunt (das LSD-Muster?) aus der Metro raus. Auf der erschreckend schnellen und unendlich langen Rolltreppe stelle ich überrascht fest, dass ich zur Abwechslung mal nicht rabiat von hinten aus dem Weg geschubst werde, weil ich auf der falschen Seite rumstehe. Der Grund: Hier steht jeder rum. Niemand läuft. Es gibt keine falsche Seite. Ich begrüße das aufs Herzlichste. Die Ungarn, die sind schon gemütlich, da kann man nichts sagen. Und clever noch dazu: Immerhin sind Rolltreppen ja mal dafür erfunden worden, dass man eben nicht mehr Treppen steigen muss, sondern im Stehen transportiert wird.

Vor mir warten zwei Kinder mit ihrer Mutter geduldig auf den Lichtschein am Ende des Tunnels. Geduldig! Kinder! Unglaublich, aber wahr: Sie nörgeln nicht, drängeln nicht, nerven nicht, sondern unterhalten sich in einer normalen Lautstärke mit ihrer Erziehungsberechtigten übers Wetter. Also, vermute ich mal. Das mit dem Hörverstehen klappt ja noch nicht ganz so gut. Aber sie bestätigen damit einen Eindruck, der sich mir im Laufe des Tages schon mehrfach aufgedrängt hat. Ungarische Kinder scheinen überwiegend gut erzogen zu sein: Sie stehen zum Beispiel in der Straßenbahn ohne zu murren auf und bieten einer Omi unaufgefordert ihren Sitzplatz an.

Mich überkommt das tiefe Bedürfnis, der ungarischen Mutter vor mir zu ihrem gelungenen Beitrag zur Verbesserung der Welt zu gratulieren. Aber zu spät. Die Rolltreppe neigt sich dem Ende zu und vor mir steht ein Kontrolleur. Ich erschrecke und weiche reflexartig nach links aus. Aber dort steht ein weiterer Kontrolleur. Ich sehe ihn mit großen Augen an, schlage spontan einen Haken um ihn herum, stolpere dabei fast über eines der Kinder und schon bin ich aus der Gefahrenzone. Erstaunlich! So einfach geht das hier? Ich sehe mich um, aber niemand verfolgt mich. Wirklich erstaunlich. Die Kosten für öffentliche Verkehrsmittel kann ich mir also tatsächlich sparen. Was für ein Land.

Das muss ich sofort dem Hausmeister erzählen.

Ich klingle bei ihm an der Tür und setze an: »Jó napot!«

Er lächelt freundlich, grüßt zurück und sieht mich erwartungsvoll an.

»Äh, Dings hier, metro! Jó!«

Ähm ja. Metro. Gut. Das sollte doch eigentlich ausreichen, damit der gute Mann weiß, wovon ich rede, oder? Dafür guckt er aber recht verständnislos.

Na ja, genug der Einleitung. Kommen wir zum Ernst der Sache. »Mosógép! Nem jó!«

Waschmaschine. Nicht gut. Alles klar. Nicht? Schade. Okay, dann auf Englisch.

Mit Händen, Füßen, ein paar deutschen, englischen und ungarischen Wörtern macht mir der Hausmeister klar, dass das tatsächlich nem jó ist, dass ich keine Waschmaschine habe. Die sollte nämlich eigentlich sehr wohl in der Wohnung ergeben meiner Befehle harren. Offenbar hat mein Vormieter das Ding einfach mitgehen lassen. Aber kein Problem. Er kümmert sich darum.

Ein praktisch denkender und handelnder Mensch, stelle ich anerkennend fest, während ich dem Fahrstuhl auf dem elektronischen Weg ein »Bei Fuß!« zurufe. Ich ziehe die erste Tür nach außen auf, drücke die zweite Tür nach innen (mein Gott, das hätte man aber auch einfacher lösen können), platziere mich in der Mitte der Kabine und drücke auf die Fünf. Dann nutze ich die Wartezeit effektiv und präge mir eine eben aufgeschnappte ungarische Phrase ein: »Nem gond« scheint so viel wie »kein Problem« zu heißen und das kann man ja immer mal gebrauchen. Also murmle ich diese zwei Wörter so oft vor mich hin, bis der Fahrstuhl genervt zwischen dem dritten und vierten Stockwerk stecken bleibt.

Der mag keine Ausländer, ganz klar. Ein scheißrassistischer Fahrstuhl ist das. Bleibt störrisch stehen, bloß weil ich versuche, seine komische Muttersprache zu lernen. Aber nem gond, das kriegen wir hin: Ruhe bewahren, kein Feuer entzünden und nochmals den Knopf mit der Fünf drücken. Fahrstuhl setzt sich widerwillig in Gang und bringt mich wie geplant zur fünften Etage. Hat er sich so gedacht, dass er mich hier provozieren kann. Aber nicht mit mir. Man möge mich auf den Namen Super Nanny taufen. Super Fahrstuhl-Nanny.

Aber auch Fahrstuhl-Nannys müssen manchmal noch was dazulernen. Ein, zwei ungarische Vokabeln zum Beispiel. Also packe ich meine Taschen aus, stoße dabei auf das legendäre »Ungarisch für Anfänger« und beginne mit der Lektüre. Erstes Kapitel: Lautlehre. Ja, das kann nicht schaden. Lautlehre klingt gut. »Das ungarische A ist im Deutschen nicht vorhanden.« (Na großartig.) »Es wird labial, mit weiter Lippenrundung gebildet. Zahnreihenabstand ist etwas größer als beim deutschen offenen O, wie zum Beispiel in hoffen. Es ist zweckmäßig, die Bildung bei stark gerundeter Mundöffnung mit gespannten und etwas vorgestülpten Lippen zu üben.«

Bitte? Stark gerundete Mundöffnung? Gespannte und vorgestülpte Lippen? Das muss ich mir mal im Spiegel angucken. Und so sehen Ungarn aus, wenn sie A sagen? Wie ein Schimpanse? Ganz schön bescheuert. Hoffen, hoffen, hoffen. Gerundete Mundöffnung. Vorgestülpte Lippen. Sieht immer noch ziemlich affig aus. Nein! Doch! Sieht aus wie George W. Bush! Bush? Ein

Ungar? Gleich morgen werde ich Flóra dazu befragen, die weiß das sicher.

So, weiter im Text: Aha, das ungarische P wird also stimmlos und unbehaucht ausgesprochen. Hmm. Papperlapapp. Keine Stimme, kein Hauch, kann ich. Weiter. Oh, hier: das so genannte Zungenspitzen-R. Kenn ich, kann ich. Meiner Russisch-Lehrerin sei Dank. Die kombinierte zwar ohne Bedenken Sandalen mit Hühneraugenpflastern, so dass ich immer gebannt auf ihre Füße starren musste und deswegen der Großteil des Unterrichts ungehört an mir vorbeiging, aber wenigstens hab ich bei ihr gelernt, wie man das R rollt. Zungenspitzen-R stellt also kein Problem dar. Nem gond sozusagen.

Ich blättere weiter. Unwichtig, unwichtig, unwichtig. Aber hier! Ein komisches Wort! Suffigieren. Was bitte ist das denn? Gier nach Suff? Der Ungar ein gieriger Säufer? Ich weiß es nicht. Noch nicht. Suffigieren. Muss wohl was mit Suffix zu tun haben, ergo Grammatik, ergo uninteressant. Ist sowieso schon spät jetzt.

Ich sehe mich in meiner Kommandozentrale um, rolle den Teppich zusammen und stelle ihn in die Ecke, nehme die grässlich grünen Vorhänge ab und verstaue sie im Schrank. Zu guter Letzt finden auch noch diverse Deckchen, Bilder und das über dem Bett hängende Kruzifix eine neue Heimat in einer Schublade.

So. Schon besser. Schlafen gehen. Im Traum bin ich einer der drei heiligen Könige und komme mit einem Moped in eine Gegend, in der ich mich nicht verständigen kann. Das Kruzifix. Es zeigt Nachwirkungen.

6. Die rechte Hand von Gott und Stephan

Am nächsten Vormittag treffe ich den Pfarrer der deutschsprachigen evangelischen Gemeinde auf einen Kaffee und einen ungarischen Eierkuchen namens palacsinta, damit er mir was vom Jahrestag seines Gemeindevorstandes, seines Gemeindechors, seines Gemeindeblattes oder was auch immer erzählen kann. Gunnar hat mich zwar über den tagesaktuellen Anlass des Artikels aufgeklärt, aber ich hab ihn schlicht vergessen. Ich bin also so gar nicht vorbereitet. Aber in meiner Eigenschaft als heiliger König muss ich mich auch nicht mehr auf Interviews vorbereiten. Ich warte einfach auf eine göttliche Eingebung und dann klappt das schon. Nem gond.

Der Pfarrer kommt mit einem Fahrrad an. Mit einem Fahrrad! In Budapest! Andererseits: Der glaubt ja auch an ein Leben nach dem Tod.

»Guten Morgen«, begrüßt er mich. »Ich komme gerade vom Flughafen.«

»Ist der nicht am Ende der Welt?«

»Ach, das geht schon. Dreiviertelstunde.«

»Respekt.«

Der Mann ist mir sympathisch. Den frage ich gleich mal nach einem Fahrradladen, aber erst nach dem offiziellen Interview. Dienst ist schließlich Dienst und Schnaps ist Schnaps.

Nachdem er mir in knapp fünfzehn Minuten alles erzählt hat, was ich wissen muss, lenkt er das Gespräch allerdings in völlig fahrradfremde Regionen: »Aus welcher Ecke kommen Sie denn?«

»Aus Dresden.«

»Nein, ich meine, welche Konfession haben Sie?«

»Ach, ich glaube, ich bin ein verlorenes Schäfchen. Ich wurde nicht mal getauft.«

»Haben Sie sich denn mal mit der Bibel beschäftigt?«

»Ja, na ja, ich hab irgendwann das Neue Testament quergelesen, aber da waren mir zu viele erhobene Zeigefinger drin: Mach dies nicht, mach das, mach jenes so. Das war mir zu doof.«

Hervorragend. Ich lerne einen Pfarrer kennen und erkläre ihm als Erstes mal, dass die Bibel doof ist, nicht fragwürdig, nicht anfechtbar, nein: doof. Also schicke ich wenigstens ein zerknirschtes »Entschuldigung« hinterher.

Aber er, ganz nächstliebender Pfarrer: »Kein Problem. Letztlich ist es vollkommen egal, ob Sie getauft wurden. Es ist auch egal, was Sie von der Bibel oder der Kirche halten. Wichtig ist einzig und allein Ihre geistliche Haltung.«

Bevor mich der Pfarrer gleich noch hinterlistig mit Taufwasser bespritzt und kurzerhand zur Christin erklärt, schwenke ich lieber ganz schnell um auf die Ungarn und deren Religion. Da kennt er sich aus: Die meisten Ungarn sind Katholiken, wenn auch eher unfreiwillig. In grauer Vorzeit waren die Ungarn nämlich nicht nur ein wildes Reitervolk, sondern auch gottlose Heiden. Und in ihrer Gemütlichkeit wären sie das wohl auch bis in alle Ewigkeit geblieben, wenn nicht eines Tages ein gewisser István die Bühne betreten hätte.

István, auf Deutsch Stephan, war ein friedliebender Christ, der am liebsten durchs Land wanderte und

Menschen bekehrte. Seine Mutter aber überredete ihn nach dem Tod seines Vaters, dem Großfürst Géza, zu einem Machtkampf gegen den feierfreudigen Koppány, dem nach althergebrachter Tradition eigentlich der Chefsessel zugestanden hätte. István zog also gegen Koppány in den Krieg und gewann. Daraufhin ließ er sich im Jahr 1000 vom Papst eine Krone schicken, die ihn zum König und Ungarn zum katholischen Staat machte. István ist also schuld, sowohl an der Gründung des Staates Ungarn als auch an der Einführung des Katholizismus. Später wurde er dafür heiliggesprochen und seine rechte Hand kann man heute in der prächtigen Basilika zum Heiligen Stephan bewundern. Wenn man will.

Zurück in die Neuzeit. Ich verabschiede mich beim Pfarrer, denn die weltliche Welt wartet schließlich darauf, gerettet zu werden. Mein Weg führt mich in die Redaktion, wo ich Flóra gleich mit meinen neu erworbenen Kenntnissen zu beeindrucken versuche.

»Na, weißt du jetzt, wann der Vertrag von Trianon geschlossen wurde?«, begrüßt sie mich.

»Nee, aber ich weiß, wann König Stephan gekrönt wurde.«

»Koppány war aber viel cooler.«

»Du bist nicht katholisch, was?«

»Nee, aber ich hab eine Idee: Du kommst heute Abend mit zu einem Konzert von Sacra Arcana, da zeig ich dir das richtige Ungarn.«

»Okay.«

»Und zieh am besten schwarze Klamotten an.«

»Alles klar.«

In dem Moment kommt auch schon der Hannoveraner um die Ecke und guckt streng.

»Gunnar! Gut, dass ich dich sehe. Ich hab eine Frage«, lenke ich ihn von seiner bislang unausgesprochenen Ermahnung ab. »Wie ist das eigentlich: Muss ich den Pfarrer Herr Pfarrer nennen? Die Botschafterin Frau Botschafterin? Einen Minister Herr Minister?«

»Die werden beim Namen genannt. Wir sind schließlich Distanz wahrende Journalisten, keine arschkriechenden Diener.«

Hoijoijoi, der Gunnar. Aber recht hat er. Und das Potenzial zum Mentor noch dazu.

Also setze ich mich Distanz wahrend an meinen Schreibtisch, hacke die beiden Artikel in den Rechner und liefere sie bei ihm ab.

»Nicht schlecht, gar nicht schlecht«, murmelt der Mentor, während er wie wild auf seiner Tastatur herumtippt.

»Gunnar! Was machst du? Ich denke, die Texte sind gar nicht schlecht?«, frage ich vorsichtig.

»Ach, das sind nur Kleinigkeiten. Hier. Lies mal deine Einleitung. Und jetzt lies meine. Merkst du was?«

»Deine rockt mehr.«

»Ganz genau. Du musst beim Schreiben wie ein Leser denken: Bei welchem Einstieg würdest du weiterlesen? Was würdest du gern über ein Thema wissen?«

»Wie ein Leser denken. Okay. Hab ich jetzt Feierabend?«

»Ja, verschwinde. Und morgen früh sehe ich dich Punkt neun hier in der Redaktion.«

Auf dem Weg nach draußen mache ich noch einen Abstecher auf die Toilette. Distanz wahren. Wie ein Leser denken. Schwarz anziehen. Tür auf. Da ist jemand drin! Tür zu. Der Jemand kommt aus der Kabine raus und redet ungarisch auf mich ein. Ich rede englisch auf sie ein. Sie redet deutsch. Ich rede weiter englisch. Sie wieder ungarisch. Irgendwann kommen wir bei einer gemeinsamen, der deutschen Sprache an und ich kann mich endlich entschuldigen.

Ganz offenbar ist mir die Angelegenheit weitaus peinlicher als ihr, denn sie wechselt ohne Umschweife das Thema. »Ich verkaufe Anzeigen.«

»Aha. Und wie heißt du?«

»Rózsa Zsuzsanna. Susanne Rose auf Deutsch. Weißt du, wir Ungarn sagen unseren Familiennamen zuerst.«

»Bei uns ist das anders. Ich heiße Lysann, wie Lisbeth und Anna zusammengezogen oder wie der Lysander in Shakespeares ›Sommernachtstraum‹, der Name bedeutet übrigens Befreier. Und Heller, das ist mein Nachname, Heller wie dunkler oder auch wie die kleinen tschechischen Münzen, wie du willst.«

Sie sieht mich fassungslos an.

»Alles klar?«, frage ich sie.

»Alles klar, wunderbar, du bist da.«

Jetzt sehe ich sie fassungslos an.

»Du musst langsamer sprechen und einfacher.«

»Ach so.« Offenbar ist ihr Deutsch nicht so perfekt wie das von Flóra. »Und was war das mit wunderbar, du bist da?«

»Ein Lied aus dem österreichischen Radio. Ich komme aus Westungarn und früher hab ich immer österreichisches Radio gehört.«

»Und so hast du Deutsch gelernt?«

»Ja. Und in der Schule. Und mit Mozart.«

»War der nicht auch Ungar?«

»Nein, Österreicher«, antwortet sie herablassend. Sie hat den Witz nicht verstanden.

7. Abenteuerspielplatz szupermarket

Tante Emma kenne ich ja schon, wird Zeit für ihren großen Bruder szupermarket. Also spaziere ich an endlosen Regalreihen entlang, greife hier und da mal nach einem Produkt und versuche, durch Schütteln, Riechen und Reinsehen herauszufinden, was sich wohl Leckeres in der Packung verstecken mag.

Moment, souverän sei der Konsument. Systematisch denken: Wonach ist mir denn? (Zeigefinger an die Lippen legen) Joghurt wäre toll! (Zeigefinger schnellt in die Luft) Auf zum Kühlregal. Einen kunterbunten Becher rausgreifen. Angucken. Zögern. Tejföl steht da drauf. Wörterbuch aus der Tasche ziehen. Aha, irgendwas mit Milch. Bunter Becher. Milch. Alles klar, das ist Joghurt.

Der Kauf von Brot, Saft, Käse und Wurst (Salami natürlich) gestaltet sich nicht halb so schwierig und so verlasse ich wenig später die heiligen Hallen des Konsums und mache mich auf den Heimweg. In meiner Kommandozentrale schließlich öffne ich den großen bunten Becher, wundere mich noch über die Konsistenz des Joghurts, häufe mir aber trotzdem einen großen Löffel voll und schiebe ihn in froher Erwartung in den Mund.

Fuck. Saure Sahne. Ich habe gerade eine riesige Portion saure Sahne im Mund. Was mache ich denn jetzt damit? Runterschlucken? Ausspucken? Und vor allem: Was mache ich jetzt mit einem halben Liter saurer Sahne? Eine saure Sahnetorte? Und wie soll das schmecken?

Flóra hat mir vorhin noch erzählt, dass sie hier auf Privatpartys mit den Patronen von Sahne-Siphons einen billigen und sicherlich recht ungesunden Rausch erzeugen. Sieht bestimmt lustig aus, wenn kein Joint, sondern ein Sahne-Siphon die Runde macht. Allerdings nützt mir das jetzt herzlich wenig, weil ich keinen Sahne-Siphon, sondern Sahne pur im Mund habe.

Okay, Entscheidung. Jetzt. Die Kinder in Afrika würden sich über die Kalorien hier sicher freuen. Da hilft alles nichts. Eins, zwei, drei, Augen zu und durch. Ich schlucke die Masse tapfer runter und stelle den Becher in den Kühlschrank. Warum füllen die hier auch saure Sahne in bunte Becher? Saure Sahne gehört in einfarbige Becher. Immer. Nach einem Blick in mein Wörterbuch ist mir die Sache allerdings schon sehr peinlich: Joghurt heißt auf Ungarisch joghurt.

Später fallen mir auf dem Weg zu diesem ominösen Richtiges-Ungarn-Konzert noch mehr Konditionierungen auf, die mit Farben zusammenhängen: Die Polizeiautos hier sind blau, nicht grün. Viele Taxis dagegen sind grün. Für Verwirrung ist also gesorgt, auch wenn Polizisten und Taxifahrer sowieso nicht viel unterscheidet: Beide scheinen mit Vorliebe Fußgänger über den Haufen zu fahren.

Vielleicht sollte ich mich schon mal prophylaktisch um eine schnelle medizinische Hilfe kümmern. Ich halte also interessehalber nach Apotheken Ausschau. Nichts. Ich sehe keine. Die müssen doch hier Apotheken haben! Erst kurz vor der Ankunft in Flóras Club fällt der Groschen: Apothekenschilder in Ungarn sind grün, nicht rot. Und ich habe ohne es zu wissen die ganze Zeit nach der Farbe Rot gesucht. So kann das ja auch nichts werden. Merke: Ungarische Apotheken sind grün.

Merke auch: Das richtige Ungarn ist schwarz. Da hat Flóra nicht übertrieben mit ihrer Bekleidungsempfehlung. Die anwesenden Menschen in dieser Kaschemme hier müssen allesamt sehr traurig sein oder aber sehr diabolisch. Das werden wir gleich noch herausfinden.

Ich treffe Flóra, die mich umgehend zur Bar schleift. »Bier heißt sör, bestell zwei.«

»Kettő sör?«

Eigentlich habe ich ja jetzt mit einem Kniefall gerechnet für die Tatsache, dass ich weiß, was zwei auf Ungarisch heißt. Aber sie ist gnadenlos. »Két sört kérek szépen, heißt das. Schon mal was von Höflichkeit gehört?«

»Doch, schon, aber ich bin doch erst seit drei Tagen hier.«

»Dann wird's höchste Zeit, dass du lernst, wie man Bier bestellt.«

Also wende ich mich schüchtern an den düster dreinschauenden Barkeeper und nuschle ihm meine auswendig gelernte Bestellung über die Theke. Er fragt was zurück, ich drehe mich panisch zu Flóra um, sie übernimmt den Rest des Gesprächs.

O Mann. Darauf ein Bier. Ich stoße mit ihr an und hebe die Flasche zum Mund. Aber bevor das kühle Nass auch nur die geringste Chance hat, mir die ausgetrocknete Kehle runterzufließen, rempelt Flóra mich an und brüllt: »Stopp!«

Was denn? Gibt es hier noch ein anderes Ritual? Muss man jedes Mal einen Trinkspruch darbieten? Ein Lied singen? Ein Tischgebet aufsagen? Na ja, das wohl eher nicht. Flóra klärt mich mit ernster Miene auf, dass in Ungarn mit Bier niemals angestoßen wird, und wenn schon, dann muss das Glas danach geerdet, also kurz auf dem Tisch abgestellt werden.

Auch diese Sitte hat ihren Grund in grauer Vorzeit: Im achtzehnten und neunzehnten Jahrhundert gehörte Ungarn zur Donaumonarchie der Habsburger, was die Ungarn irgendwie nem jó fanden. Sie entwickelten ihren eigenen Nationalismus, den Wunsch nach Unabhängigkeit und brüllten schließlich im März 1848: Revolution! Yeah.

Daraufhin prügelten sich die Ungarn und die Österreicher monatelang auf den Schlachtfeldern, bis Letztere feige die zaristischen Truppen aus Russland zu Hilfe riefen. Gemeinsam schlugen sie den Freiheitskampf der Ungarn blutig nieder. Und damit nicht genug: Im Anschluss feierten die Habsburger auch noch ein gar lustiges Fest und prosteten sich dabei ständig mit Bier zu. Und das hat die erfolglosen Revolutionäre dermaßen traumatisiert, dass sie seitdem nicht mehr mit Bier anstoßen.

Es gibt Historiker, die behaupten, dass die Habsburger damals eher Wein als Bier getrunken und dass sie dabei niemals angestoßen haben. Es gibt Verschwörungstheoretiker, die vermuten, die Legende sei eine Erfindung der ungarischen Weinindustrie, die ihre Landsleute vom übermäßigen Bierkonsum abhalten wolle. Und es gibt Ungarn, die sagen, die Sache sei jetzt mehr als hundertfünfzig Jahre her und damit vergeben und vergessen. Flóra gehört nicht zu ihnen. Mit der stößt man besser nicht mit Bier an.

»Na dann: Auf die Ösis«, versuche ich einen Scherz zur Entspannung des kulturellen Konflikts.

»Auf die trink ich nicht«, lautet ihre Absage.

»Na gut, trinken wir auf das schöne Ungarnland.«

»Sehr gern.«

Meint sie das ernst? Das kann sie nicht ernst meinen. Oder? Ich sehe ihr ins Gesicht und entdecke ein kleines ironisches Zucken am rechten Mundwinkel, aber sicher bin ich mir nicht. Hmm. Ich drehe verlegen meine Bierflasche in der Hand hin und her. Dreher steht da drauf, Dreher Antal.

Neuer Versuch meinerseits: »Dreher klingt aber auch eher nach Österreich.«

Dann endlich ein breites Grinsen in ihrem Gesicht. »Spinnst du? Dreher war Ungar!«

Pünktlich nach dem Bier kommen Sacra Arcana auf die kleine schummrige Bühne und spielen, tja, mittelalterliche Musik auf Hardcore-Metal-Basis ungefähr. Aber nicht schlecht, gar nicht schlecht, wie Gunnar sagen würde. Wir schieben uns nach vorn zur Bühne und tanzen bis zur Erschöpfung Pogo. Pogózni heißt das hier, erklärt mir Flóra.

Außerdem kennt sie alle Texte auswendig und lässt mich gelegentlich daran teilhaben: Das Lied »Die Ungarn kommen« zum Beispiel handelt davon, dass die gesamte Bevölkerung eines Landes aus Angst vor dem wilden ungarischen Reitervolk auf der Flucht ist. Auch ein Kloster liegt völlig verlassen da. Nur ein einziger Mönch ist geblieben, weil er nicht ganz helle im Kopf ist. Der ignoriert das allgemein verbreitete Stoßgebet »Herr im Himmel, bewahre uns vor dem Schwert der Wikinger und vor den Pfeilen der Ungarn!« und wartet gelassen auf die Reiter. Als sie ankommen, bietet er ihnen vom guten Klosterbier an und sie trinken sich gemeinsam ins Delirium.

Nach dem Konzert eröffne ich Flóra meine Idee, es dem Mönch gleichzutun. Sie ist sofort einverstanden: »Ja! Trinken wir auf Ungarn! Weißt du, damals waren die Ungarn überall, in ganz Europa! Ihre Raubzüge führten von der Nordsee bis nach Spanien und Byzanz!«

»Toll. Wann war das?«

»Vor mehr als tausend Jahren.«

»Flóra, das ist längst verjährt. Außerdem gehört ihr doch bald wieder ganz offiziell zu Europa. Auf die EU!«

Sie übergeht meinen politisch korrekten Trinkspruch und fragt zurück: »Weißt du inzwischen, was der Vertrag von Trianon ist?«

»Nö. Erzähl mal.«

»Jetzt nicht. Jetzt wird getrunken. Prost!«

Später kommt sie noch auf die Idee, dass man Bier mal mit Strohhalmen trinken müsste. Und noch viel später lässt sie mich ungarischen Obstschnaps, Pálinka, bestellen.

Als wir schließlich auf die Straße wanken, meint sie: »Alle Ungarn sind Alkoholiker.«

»Echt? Wieso?«

»Wegen Trianon.«

8. Scheiße, aber stolz

»Gunnar, was war der Vertrag von Trianon?«

»Ungerecht.«

»Aha. Und konkreter?«

»Den Versailler Vertrag kennst du aber schon?«

»Gunnar! Willst du mich verarschen?«

»Also, der Vertrag von Trianon wurde im Schloss von Versailles unterschrieben, ebenfalls nach dem Ende des Ersten Weltkrieges. Ungarn stand mal wieder auf der Seite der Verlierer. Und der Vertrag von Trianon besagte, dass Ungarn zwei Drittel seines Landes an die Nachbarstaaten abtreten musste. Zwei Drittel! Stell dir das mal vor! Bis heute leben deshalb zwei Drittel aller Ungarn außerhalb des Landes.«

»Und deshalb sind alle Ungarn Alkoholiker?«

»Wer erzählt dir denn so einen Blödsinn?«

»Flóra.«

»Wahr ist, dass Trianon bis heute ein empfindliches Thema ist. Also halt dich mit blöden Bemerkungen darüber zurück.«

»Okay.«

Das muss ich gleich mal ausprobieren, am besten an der Kontrollgruppe meines Experiments zur Erforschung dieses Landes, an Zsuzsa.

»Hallo!«

»Grüß Gott.«

»Du, was ist mit dem Vertrag von Trianon?«

»Scheiße.«

Treffer! Erstaunlich. Noch eine Frage: »Trinkst du eigentlich viel Alkohol?«

»Nein. Alkohol ist auch scheiße.«

Oh, kein Treffer. Na ja. Dann eben eine kleine Sprachlektion: »Und was heißt Scheiße auf Ungarisch?«

Sie sieht mich irritiert an und sagt dann kichernd: »Szar.«

Wichtiges Wort. Muss ich mir merken. Szar, szar, szar.

Später treffe ich Flóra auf dem Gang. Aber sie ist gar nicht guter Dinge: »Sprich mich nicht an, ich hab noch keinen Kaffee getrunken.«

Also gehen wir zum Imbiss im Erdgeschoss des Bürogebäudes. Der aber ist geschlossen.

»Scheiße«, sagt sie.

»Szar«, stimme ich zu.

Aber Flóra ist wenig beeindruckt. »Das sagt man in dem Fall nicht. Nur ihr Deutschen seid beim Fluchen so darmfixiert und außerdem noch erbärmlich unkreativ.«

»Hiermit entschuldige ich mich im Namen meines Volkes.«

»Dafür hast du auch allen Grund.«

»Aber was sagt man denn dann im Ungarischen?«

»Hier wäre jetzt wahrscheinlich ein harmloserer Fluch angebracht. A francba zum Beispiel.«

»Wie?«

»A francba. Franc ist irgendeine Geschlechtskrankheit, die man den Franzosen nachsagt, und ba heißt in.«

»In die französische Geschlechtskrankheit?«

»Genau.«

»Jetzt erzähl mir nicht, ihr habt auch noch ein Problem mit Franzosen.«

»Wir haben mit jedem Nicht-Ungarn ein Problem.«

»Das scheint mir auch so. Also, wie jetzt? A francba?«

»Ja, aber es muss schon nach Fluch klingen.«

»A francba!«

»Und jetzt noch mit dem Fuß dabei auftrampeln.«

»*A francba!*«

»So ungefähr.«

Die Ungarn, ich weiß es nicht. Die müssen alle einen an der Waffel haben. In die französische Geschlechtskrankheit. Was soll das denn für ein Fluch sein? Und das Wort für Scheiße hab ich jetzt ganz umsonst gelernt?

»Also, szar benutzt man echt nur für Scheiße?«

»Nee, das kannst du schon auch anderweitig benutzen. Wenn dich jemand fragt, wie's dir geht, kannst du zum Beispiel antworten: Szarul, de büszkén. Scheiße, aber stolz.«

»Scheiße, aber stolz? Mir geht's scheiße, aber ich bin stolz?«

»Ja.«

»Flóra, echt, ihr Ungarn lauft nicht ganz rund.«

»Ich hab nie das Gegenteil behauptet.«

In was für einem Land bin ich hier eigentlich gelandet?

Ich werde ein bisschen besänftigt, als Flóra mir zehn Kassetten und ein Buch in die Hand drückt. Die Kassetten sind bespielt mit ungarischer Musik, mit Metal, Punk, Pop, einer Rockoper über König Stephan und einem Musical für Kinder. Das Buch enthält »Tatsachen, Zahlen und Bilder über tausend Jahre Ungarn«. Na, damit lässt sich doch was anfangen.

»Danke. Köszönöm«, sage ich.

»Klappt ja langsam«, kommt zurück.

Aber Flóra meint das nicht als Kompliment. Ihre

Betonung liegt nicht auf »klappt«, sondern auf »lang-sam«. Sie scheint es darauf angelegt zu haben, mich so schnell wie möglich in ihre komischen Landes-sitten zu integrieren. Und dazu gehört eben auch die Sprache. Deshalb gibt sie mir die Handynummer einer Freundin, die wie Flóra Deutsch studiert und nebenbei Ungarischstunden gibt.

»Ruf sie an. Sie heißt Erzsi, Erzsébet, Elisabeth«, sagt Flóra nicht nur, nein, sie drückt mir direkt den Telefonhörer in die Hand und tippt die Nummer ein. Tja, dann muss ich wohl.

Bei unserem ersten Treffen nennt Erzsi mir ihren Preis: tausend Forint. Das sind knapp vier Euro. Pro Stunde! Einzelunterricht!

Dann werde ich Erzsi als Zusatzlohn wenigstens so viel Freude wie möglich bereiten, beschließe ich. Aber da hab ich mir schon wieder viel zu viele Sorgen ge-macht.

Erzsi freut sich nämlich ganz von allein über völ-lig unwesentliche Dinge. Sie lächelt die ganze Zeit vor sich hin, verliert nie die Geduld und überhäuft mich ständig mit Lobeshymnen. »Das sprichst du besser aus als mancher Ungar« ist zum Beispiel einer ihrer Lieb-lingssätze. Sobald ich den Mund aufmache, ruft sie begeistert Ah, Oh oder gratulálok, gratuliere. So über-schwänglich ist Erzsi, und wenn ich jetzt nicht bald fließend Ungarisch spreche, wird sie wieder gefeuert. Äh. Oder so.

9. Der widerspenstigen Waschmagd Zähmung

Mein nächster Zeitungstermin führt mich ins noble Kempinski-Hotel am Deák Ferenc tér, dem Platz, wo die drei Metrolinien aufeinandertreffen. Dort sollte eigentlich das neue Nationaltheater entstehen. Als die Baugrube für das Haus bereits ausgehoben war, hieß es allerdings: Ach nee, doch nicht. Die Behörden hatten sich in der Zwischenzeit entschieden, dass der Platz mit dem bisschen Grün nicht auch noch zugebaut werden sollte. Das Nationaltheater wurde schließlich ganz im Süden der Stadt am Pester, also am östlichen Donauufer hochgezogen. Und das Loch mitten auf dem Deák tér verwandelte sich in einen Veranstaltungsort für Kleinkultur, der sich heute bezeichnenderweise Gödör Club, Gruben-Club, nennt.

Ich darf leider keinem Konzert in diesem Club beiwohnen, sondern muss zu einem ganz anders gearteten Club, dem Deutschen Wirtschaftsclub Budapest. Ich betrete den Saal und stelle fest: Ich bin underdressed. In diesem Fall aber völlig beabsichtigt. Zusammen mit Flóra hab ich nämlich festgestellt, dass das deutsche Sprichwort »Kleider machen Leute« im Ungarischen genau andersrum geht, aber nicht »Leute machen Kleider«, das wäre ja billig, sondern »Kleider machen keine Leute«. Und allein schon diese Redewendung macht mir die Ungarn wieder durchaus sympathisch. Hinzu kommt deren Zeitgefühl. Das ist nicht existent.

Der Ungar an sich verspätet sich. Immer und überall. Begrüßenswert.

Also komme auch ich zu spät zu den Wirtschaftlern, die sich eigentlich um 18 Uhr treffen wollten. Am Eingang gibt man mir aber Bescheid: »Es geht erst um 19 Uhr los, weil sonst all die Leute, die zu spät kommen, den Vortrag stören würden.« Das leuchtet ein. Allerdings möchte ich jetzt wirklich nicht eine Dreiviertelstunde lang hier warten und mich mit Schlipsträgern über das Wirtschaftswachstum Ungarns und diverse Investitionsmöglichkeiten unterhalten. Also gehe ich wieder raus auf den Deák tér. Dort setze ich mich auf eine Parkbank und muss feststellen: Es gibt ihn wirklich, den hässlichen, tumben Deutschen. Und er scheint vorzugsweise in Budapest Urlaub zu machen.

Eine Horde bayerisch brüllender Männer kommt um die Ecke, Kegelclub wahrscheinlich oder Schützenverein, keine Ahnung. Ich wende mich angewidert ab, aber einer der peinlichen Primaten kommt direkt auf mich zu, baut sich breitbeinig vor mir auf und fragt mich mit einer unsäglichen Fahne vorm Gesicht: »WC?«

Nein, ich verstehe dich nicht, ich *will* dich nicht verstehen, hau ab. Ich zucke mit den Schultern und drehe mich weg.

Aber er scheint nicht zu begreifen, geht um mich herum und fragt: »Toiletta?«

Ich sammle alle ungarischen Vokabeln, die ich kenne, zusammen und haue sie ihm in einem völlig unzusammenhängenden Wortschwall um die Ohren. Woraufhin er sich verpisst. Im wahrsten Sinne des Wortes.

Dann schon lieber die Schlipsträger. Die wohnen heute einer szenischen Lesung mit Texten von Imre Kertész bei. Klar, der Unternehmer an sich, der gönnt sich schon auch manchmal Kultur. Die Schauspieler geben ihr Bestes, um das Thema Holocaust unter die Haut gehen zu lassen. Bei mir zumindest funktioniert das. Die anderen wenden sich nach der Lesung übergangslos dem Büfett und den Sektgläsern zu. Ich stelle mich Distanz wahrend an einen Stehtisch und warte darauf, dass ich einen der Schauspieler noch für ein Interview zu fassen kriege.

Da kommt der Pfarrer auf mich zu. »Sie hier?« Diese Frage stellen wir uns gegenseitig fast synchron. Er bleibt stehen und wir unterhalten uns über Gott und die Welt.

»Ich glaube, die größte Sünde ist Gleichgültigkeit«, meint der Pfarrer irgendwann und sieht hinüber zu den Menschen am Büfett.

Ich nicke ihm zu und wir sind uns ohne Worte einig.

Nicht halb so gut läuft die Verständigung mit meiner Waschmaschine, die mir der praktische Hausmeister inzwischen organisiert, hochgebracht und angeschlossen hat.

Seitdem gehen seltsame Dinge in meinem Bad vor. Statt meine Anweisungen schnell und lautlos zu meiner vollsten Zufriedenheit auszuführen, rief die elektrische Waschmagd gleich zu Beginn unserer Partnerschaft einen Generalstreik aus, verweigerte sich entweder ganz oder brauchte eine Ewigkeit für die Reinigung der Wäsche. Erst dachte ich, sie sei ein kleines trotziges Mistvieh, das eine gehörige Portion autoritäre Erziehung nötig hat. Dann aber erkannte ich: Eigentlich kann sie gar nichts dafür. Sie ist einfach nur neurotisch.

Meine Waschmagd funktioniert nämlich so: Wenn man im Bad das Licht anschaltet, bekommt sie Strom und wäscht fleißig. Schaltet man das Licht aus, stirbt der gesamte Stromkreis im Bad und damit auch die

Waschmaschine. Kein Wunder also, dass sie immer so lange brauchte, um zu Potte zu kommen: Jedes Mal, wenn ich nach ihr sah, fing sie an zu waschen, und wenn ich sie schließlich wieder allein im dunklen Bad zurückließ, hörte sie damit auf. Seitdem lasse ich immer das Licht brennen, damit sie keine Angst im Dunkeln bekommt. Und sie dankt es mir, indem sie wäscht.

Fall gelöst, sollte man meinen. Aber nein.

Nach dem erquicklichen Treffen mit den Vorstandsvorsitzenden fahre ich nach Hause und setze die Waschmagd in Gang.

Ab und zu unternehme ich mal einen Kontrollgang ins Bad und stelle bei einem Blick in den Spiegel fest: Mann, siehst du szarul aus. Die Berufstätigkeit hat bereits Spuren in meinem Gesicht hinterlassen und ich frage mich: Wenn man noch nie in seinem Leben in die Rentenkasse eingezahlt hat und auch sonst so gar kein Geld auf der hohen Kante hat, gibt es trotzdem einen Weg, kurz nach dem Berufseinstieg direkt in Rente zu gehen? Ich meine, außer indem man heiratet und Kinder zeugt.

Das Verhältnis von erwerbstätiger Zeit zu freier Zeit hat mir noch vor wenigen Wochen um einiges besser gefallen. Der gemeine Student ist es einfach nicht gewöhnt, acht Stunden am Tag zu arbeiten. Da windet er sich etwas kläglich. Langjährige Mitglieder der berufstätigen Bevölkerungsschicht mögen angesichts dieser Gedanken nur müde lächeln, aber genau das ist es: Sie lächeln *müde*. Unsereins ist es gewöhnt, morgens fertig zu sein, weil die Nacht mal wieder kurz war, aber doch nicht abends, weil der Tag lang war. Doch genau das ist jetzt der Fall: Der Tag ist vorbei und ich sehe fertig aus. Ich versuche es mit einem Lächeln, aber die Schatten unter den Augen gehen nicht weg. Ich ohrfeige mich zwecks Durchblutungsförderung mal links und rechts, aber der Teint bleibt blass. Ich bin mit meinem Latein am Ende.

Aber da fällt mir meine Mutter ein, die eine heimliche Affäre mit einem Franzosen namens Yves Rocher hat. Und Yves hält für jedes kosmetische Problem eine Lösung bereit. Ich greife also zu einer Entspannungsmaske, die Muttern mir geschenkt hat: »Hier, von Yvie, für dich.« Danke, Mutti; danke, Yves; danke, Frankreich. Und sei nicht sauer, dass die Ungarn dir eine Geschlechtskrankheit anhängen wollen. Der Vertrag von Trianon. Sie können ja nichts dafür.

Während ich die eklige grüne Masse in meinem Gesicht verteile, summe ich die Marseillaise vor mich hin. Blick in den Spiegel: Ich sehe ja noch viel szaruler aus als vorher. Na ja, was soll's. Yves wird schon wissen, was er tut.

Zwanzig Minuten soll ich jetzt so rumlaufen. Fehlen eigentlich bloß noch die Lockenwickler. Aber die Hände brauchen ja wohl keine grüne Entspannungsmasse. Ich drehe also mit den Ellenbogen den Wasserhahn auf und wasche mir die Hände.

Britzel. Hmm? Was ist denn das? Irgendetwas zwiebelt an den Fingern. Noch mal drunter halten. Britzel. Komisch. Verursacht der grüne Schleim von Yvie mit Wasser eine chemische Reaktion? Britzel. Mist! Das tut ja richtig weh! Habe ich eine Wunde an den Händen, die brennt? Nachgucken. Nö. Noch mal ausprobieren. Britzel. Plötzlich durchfährt es mich wie ein Schlag (!): Das Wasser ist elektrisch geladen! Das Wasser ist elektrisch geladen? Krass. Noch mal. Britzel. Echt. Wasserhahn anfassen. Britzel. Plastikgriffe anfassen. Britzelt nicht. Stimmt, Plastik ist kein elektrischer Leiter. Cool.

Aber warum zur Hölle steht denn das Wasser unter Strom? Mein grün verschleimter Blick fällt auf die

Waschmaschine. Aha, alles klar. Dem offenen Kampf Auge um Auge, Zahn um Zahn hat das hinterhältige Biest offenbar abgeschworen. Stattdessen versucht sie es jetzt auf die miese Tour und kämpft wie ein Mädchen: kratzt, beißt und zwickt. Sie hat den richtigen Moment abgewartet (nämlich den, in dem ich aussehe wie über Kantinen-Erbsensuppe eingeschlafen), um zuzuschlagen.

Und tatsächlich: Zwanzig Minuten später will ich Yves' Brei, der mich immer mehr an Flóras und meine beliebte Gesprächrubrik »Rotz- und Kotzgeschichten« erinnert, abwaschen. Waschmagd hat inzwischen getan, wie ihr geheißen ward, und ist zum Ende gekommen. Und: Wasser britzelt nicht mehr. Ungarische Stromkreise sind wirklich ein gar seltsames Phänomen.

10. Saturday Night Fever im Ostblock

Samstag. Bei den Juden zumindest der Tag der Ruhe. Bei mir auch. Also setze ich mich in einen waschechten Ikarus-Bus und fahre über die Donau nach Pest. Dabei stelle ich erfreut fest, dass die Stopp-Schalter inzwischen auch an den Haltestangen installiert sind und nicht mehr nur über der Tür. Das war ja für kleinwüchsige Kinder wie mich damals wirklich frustrierend: Wenn die Haltestelle nahte, an der ich aussteigen wollte, musste ich immer wildfremde Menschen mit großen traurigen Augen ansehen und flehend fragen: »Können Sie mal für mich drücken, bitte?« Es war schon nicht alles gut im Osten.

Aber diese Zeiten sind vorbei. Ich bin inzwischen relativ groß und die Schalter im Ikarus-Bus lassen sich heutzutage sogar von den braunen Kunstledersitzen aus betätigen. Während ich danach greife, stelle ich fest, dass die Frau neben mir dieselbe Pudel-Dauerwelle ziert, die meine Mutter damals trug, genau wie etwa achtzig Prozent der weiblichen und sechzig Prozent der männlichen DDR-Bevölkerung. Und: Die Frau riecht nach Florena-Creme! Kindheit! Toll.

Bis dahin ist ja alles noch ganz angenehm. Aber dann: Ich steige aus, laufe Einkaufsstraßen entlang und an jedem Kino hängt ein »Goodbye, Lenin«-Plakat. Ich überquere vorsichtig eine Straße, werde trotzdem beinahe von einem Wartburg überfahren, erreiche zitternd, aber unversehrt einen Secondhandshop und stehe mit ungläubigem Blick vor einem T-Shirt mit dem Aufdruck »DDR«. Hilfe! Meine düstere Vergangenheit holt mich in Form eines Ausverkaufs ein!

Plötzlich ist mir nach Musik vom imperialistischen Klassenfeind. Ich muss lange im Stadtmagazin *Pesti est* (Pester Abend) blättern, weil das Heft nicht nur linguistisch, sondern auch bezüglich des inhaltlichen Aufbaus eine Katastrophe ist. Schließlich finde ich aber doch eine Party mit Old School Hip-Hop, drücke mir zur Einstimmung die Beastie Boys in die Ohrmuscheln und mache mich auf den Weg zum A38, dem Kulturschiff auf der Donau.

Ich betrete den Club und rufe: »Okay, Leute, ich bin da. Die Party kann beginnen.«

Aber niemand versteht mich. Trotzdem fangen die Leute prompt an zu tanzen. Ich auch. Und während die Musik allmählich die Kontrolle über meinen Körper gewinnt, fällt mein Blick auf die Leinwand über der Bühne … auf der gerade ein Trabant durch eine Winterlandschaft fährt. Ah! Es reicht! Ich flüchte zur Theke und bestelle radebrechend ein Bier. Und wehe, wenn die jetzt hier Radeberger ausschenken. Ich warne euch. Ich raste aus! Ich werfe mit Bierdeckeln! Ich mache Witze über Trianon!

Nein, es gibt Borsodi. Ich beruhige mich langsam wieder und drängle mich zurück auf die Tanzfläche. Grund: Der DJ ist ein Gott und offenbar ein großer Anhänger des imperialistischen Klassenfeindes. Er spielt zwar kaum Hip-Hop, dafür aber schönen alten Soul, Funk, Jazz und Reggae. Ich liebe diesen Mann.

Die anderen offenbar auch, denn sie begrüßen jeden neuen Track jubelnd bis kreischend und rocken völlig selbstvergessen die Tanzfläche. Die Ungarn, die wissen schon, wie man feiert. Da kennen die keine Hemmungen. In diesem Land muss der Rock'n'Roll erfunden worden sein. Ich lasse mich anstecken und gebe mich der Musik hin.

Irgendwann reicht mir eine Kreuzung aus Moses Pelham und Westbam einen Eiswürfel, der mich wahrscheinlich vor dem Tod durch Überhitzung rettet. Ich nicke ihm dankbar zu, er lächelt zurück. Nonverbale Kommunikation. Genau! Das ist es! Die Lösung aller Verständigungsprobleme! Ab sofort werde ich nur noch Gestik und Mimik einsetzen, um mich verständlich zu machen. Heureka!

Dieser Plan schwirrt mir noch immer im Kopf rum, als ich nach getaner Feierarbeit den Nachtbus besteige, der mich einmal über die große Ringstraße in Pest wieder über die Donau zurück nach Buda zu meiner Herberge bringen soll. Ich klettere die wenig behindertenfreundlichen Stufen hoch und nicke dem tätowierten jungen Busfahrer nonverbal, aber ausgesprochen lässig zu. Er nickt auch, allerdings nicht in meine Richtung, sondern rhythmisch zum Takt der Musik, die aus überdimensionalen Kopfhörern direkt in seine Ohren pumpt. Krass. Der Mann hört Musik. Andererseits: Ist ja auch Samstagnacht, da bietet sich das schließlich an.

Das Klima im Inneren des Busses setzt sich zusammen aus menschlichen Ausdünstungen diverser Natur, leer geatmeter Luft und aufdringlichen Alkoholaromen. Wo Letztere herkommen, wird schnell klar beim Blick auf die zahlreichen Fahrgäste, zwischen denen allerhand Bierdosen und Weinflaschen die Runde machen. Der Nachtbus als mobile Kneipe. Auch eine Idee.

Gunnar hat mir erzählt, dass es in Nachtbussen keine Fahrkartenkontrolle gibt. Nie. Es ist nicht ganz klar, ob das ein ungeschriebenes Gesetz oder das Ergebnis einer besonders weitsichtigen Entscheidung ist. Fakt ist, dass ich hier unaufmerksam vor mich hindösen kann und nicht immer mit einem Auge nach den blauen Armbinden der Kontrolleure Ausschau halten muss. Und das kommt mir in meinem etwas desolaten Zustand doch sehr entgegen.

Also setze ich mich neben einen ebenfalls recht zerstörten Zeitgenossen, der mir umgehend einen Schluck aus seiner Bierflasche anbietet. Nonverbal verstanden, nonverbal angenommen, nonverbal bedankt.

Er aber will sich mit meinem weisen Schweigen nicht abfinden und redet auf mich ein. Ich teile ihm mit, dass ich ihn nicht verstehe, woraufhin er lauter redet. Nee, nee, ich bin nicht schwerhörig, ich kann nur kein Ungarisch. Nem gond, denkt er sich und geht zum Englischen über. Nicht dass ich ihn jetzt besser verstehen würde. Der Mann ist einfach nur hackevoll und lallt irgendwelches unzusammenhängendes Zeug vor sich hin.

Ich habe mir ja wirklich keine großen philosophischen Erkenntnisse erhofft, als ich den Schluck Bier annahm und damit den Kontakt aufnahm. Aber ein Minimum an Gesprächsinhalt wäre schon schön gewesen.

Deshalb bin ich fast froh, als ein paar Reihen vor uns eine Gruppe Mitreisender anfängt zu singen. Na ja, singen ist vielleicht eine Übertreibung. Es handelt sich eher um schief vorgetragenen Lärm, der entfernt an Musik erinnert. Flóra wäre jetzt praktisch, die könnte mir den Liedtext übersetzen. Ich befürchte aber, der intellektuelle Anspruch der spontanen Gesangseinlage ähnelt eher dem, was mein Nachbar mir immer noch zu erzählen versucht.

Meine Haltestelle ist noch so weit entfernt, dass ich mich lieber freundlich von meinem wirren Gesprächspartner verabschiede und weiter hinten mit einem Stehplatz vorliebnehme. Auf dem Weg dahin muss ich allerdings noch eine Pfütze überwinden, die verdächtig an halbverdaute Flüssignahrung erinnert. Großer Schritt. Geschafft. Mein Gott, allmählich wird mir klar, warum die Budapester Verkehrsbetriebe von niemandem erwarten, für diesen Höllentrip auch noch Geld zu bezahlen. Wenigstens ist es warm hier drin, was auch die Obdachlosen zu schätzen wissen, die offenbar schlafend von einer Endhaltestelle zur anderen fahren.

Überhaupt ist in Budapest die Anzahl an Obdachlosen, die in Hauseingängen, auf Gullydeckeln oder mitten auf dem Fußweg die Winternächte zubringen, erschreckend hoch. Wenn ich morgens auf meinem Weg in die Redaktion an ihnen vorbeilaufe, wachen sie gerade auf, reiben sich die blau gefrorenen Finger und starren verloren durch die Gegend. Ebenso traurig ist der Anblick der vielen Rentner, die an der Metrostation Blumen und Gemüse verkaufen oder mit riesigen Pappwerbeschildern am Körper auf den kalten Straßen hin- und herlaufen. Mit den Sozialsystemen in diesem Land scheint es nicht weit her zu sein.

Wie aufs Stichwort bewegt sich etwas in meiner Tasche. Da hat sich offenbar eine Hand verirrt. Und es ist nicht meine. Ich ziehe das unbekannte Suchobjekt aus meinem Eigentum, drehe mich um und sehe in ein grinsendes Teenagergesicht. Ich bin so perplex, dass ich gar nichts sagen kann. Kein Problem, das Reden übernimmt der junge Mann, der keine Spur von Überraschung, Angst oder Reue zeigt. Stattdessen fragt er mich, ob der Bus zum Moszkva tér fährt. Ich glaub es nicht: Er fragt mich tatsächlich, ob dieser Bus hier zum Moszkva tér fährt! Ich starre ihn fassungslos an und bringe kein Wort heraus. Ist das hier üblich? Mist, Diebstahl vereitelt, na macht nichts, nutze ich gleich mal die Gelegenheit und frage nach dem Weg. Was für ein Land!

11. In wichtiger Agentenmission unterwegs

Nach einem Monat Budapest lüftet sich allmählich der Nebel um die ungarische Sprache: Ich muss nicht mehr nachdenken, was Entschuldigung heißt. Ich verabschiede mich wie die Ungarn ganz automatisch mit einem »Hello« – eine Sitte, die ich am Anfang noch rundweg abgelehnt habe. Und die Krönung all meiner Fortschritte: Inzwischen kann ich sogar das Unwort »Viszontlátásra« ohne zu stolpern aussprechen.

Eine große Hilfe dabei war Erzsi, die mir in unserer ersten Unterrichtsstunde eine Liste mit deutschen Wörtern vorgelegt hat, die man so oder so ähnlich auch im Ungarischen benutzen kann: vicc für Witz zum Beispiel, papír für Papier und hózentróger für Hosenträger.

In der zweiten Stunde brachte sie mir ungarische Wörter bei, die gleich zwei Bedeutungen haben: Tag und Sonne, Uhr und Stunde, Freiheit und Ferien, Sprache und Zunge, Mittag und Süden, Wetter und Zeit. Eine Vokabel lernen, zwei wissen. Sehr effektiv.

Die dritte Stunde ging dafür drauf, dass sie mich ein Bild malen ließ. Sie beschrieb ein Zimmer, ich ließ es auf dem papír auferstehen. Und für jedes richtig platzierte und illustrierte Element gab es eine Ode an Lysann. Wenn jemand für den Beruf des Pädagogen geboren ist, dann Erzsi. Leider reagiert sie immer ein bisschen pikiert, wenn ich stolz von all den wichtigen Wörtern und Phrasen berichte, die mir Flóra mit auf den Weg gibt: cool, darauf trinken wir, besoffen, fick dich, Assi, halt's Maul und Hure.

Kurva, das ungarische Wort für Hure, ist laut Flóra übrigens wichtiger, als man zunächst annehmen mag. Praktisch alle Adjektive bekommen durch die Hure ein größeres Gewicht: Die Musik ist nicht nur gut, sondern hurengut, das Wetter hurenschlecht und das Essen hurenlecker. Wer das Wort kurva aus moralischen Gründen scheut, kann auf tök zurückgreifen. Das kommt von tökéletes, perfekt, heißt in dieser Kurzform aber auch Kürbis. Beim Smalltalk in besseren Kreisen spricht man also lieber nicht über hurenschlechtes Wetter, sondern einfach über kürbisschlechtes Wetter.

Großzügig wie ich bin, lasse ich auch meine ungarischen Kollegen in der Redaktion an jeder einzelnen meiner Lektionen teilhaben. Vielleicht können die auch noch was dabei lernen. Man weiß ja nie. Mit diesem Ansinnen laufe ich des Öfteren aufgeregt ungarisch plappernd durch die Redaktion: »Was ist das? Das ist ein Tisch! Der Tisch ist dort! Wer ist das? Das ist ein Mädchen! Das ist Flóra! Flóra ist im Haus! Cool! Flóra?«

»Lass mich in Ruhe. Ich hab noch keinen Kaffee getrunken.«

»Guten Morgen, liebe Frau! Ich hätte gern zehn Äpfel und zwei Bier!«

»Verschwinde.«

»Flóra, jetzt hör doch mal auf, ständig deutsch mit mir zu reden! Ich muss deine blöde Sprache lernen.«

»Gib's auf, das schaffst du eh nicht.«

Wenn das so weitergeht, drehen die mir hier noch den Hals um. Und alles nur, weil ich mich tapfer der finno-ugrischen Herausforderung stelle und zu diesem Zweck ein bisschen autistisch vor mich hinparliere.

Allerdings weiß ich, wen ich auf meiner Seite habe, wenn es hart auf hart kommt: Jan, den Herausgeber der Zeitung. Mir ist nicht ganz klar, wie das passieren konnte, aber er glaubt tatsächlich, ich sei eine Bereicherung für den Redaktionsalltag. Bei ihm klingt das so: »Deine Wohnung ist zwar teurer als ursprünglich kalkuliert, aber dafür übertriffst du ja auch all unsere Erwartungen.«

Mein Status als Praktikantin, ach was sag ich, als Paprikantin scheint also vorerst gesichert zu sein. Und weil ich solch ein Tausendsassa bin, zieht mich Jan auch gelegentlich ins Vertrauen und zu Spezialaufträgen heran. Das spielt sich ungefähr so ab: Er bittet mich in sein Büro, murmelt in drei verschiedenen Sprachen einen komplett unverständlichen Satz vor sich hin und steckt mir mit einem verschwörerischen Augenzwinkern einen Zettel zu, auf dem ein Ort, eine Zeit und eine Handynummer stehen. Aha, eine geheime Mission. Ist schon so gut wie erfüllt.

Als alter Hase im Geschäft weiß ich natürlich, dass der Zettel direkt nach der Lektüre in Flammen aufgehen wird. Also präge ich mir die Daten gut ein und schlendere gelassen Richtung Ausgang. Gunnars strenger Blick veranlasst mich, doch noch ein unverdächtiges »Ich geh recherchieren« verlauten zu lassen. Das wirkt immer. Sodann ziehe ich mir meinen Trenchcoat über, schlage den Mantelkragen hoch und setze den Hut auf. Unter dem Arm trage ich selbstverständlich eine *Times*, allerdings *The Budapest Times*, die englische Ausgabe der *Budapester Zeitung*.

Auf dem Weg zur Vorortbahn HÉV aus original DDR-Produktion zünde ich mir eine dicke Zigarre an und klopfe meine Manteltaschen nach einem Flachmann ab. Keiner verfügbar, auch egal. Eigentlich sollte ja eine alte englische Luxuslimousine für mich vorfahren, aber die HÉV ist definitiv unauffälliger. Auf so etwas muss man achten als guter Agent. Ich setze mich in die Bahn, sehe verkniffen aus dem Fenster und umgebe mich so mit einer unansprechbaren Aura.

Am konspirativen Treffpunkt angekommen, zücke ich mein Mobiltelefon und rufe die Geheimnummer an. Eine Frauenstimme mit russischem Akzent erklärt mir im Flüsterton, dass sie in der Lobby eines nahegelegenen Hotels sitzt. Angeblich, weil es draußen so kalt ist. Ha! Lächerliche Vorwände. Natürlich sucht die Mafiabraut die Sicherheit der Menschenmassen. Aber Agenten wie uns ist das einerlei. Ich betrete also forschen Schrittes die Lobby, entdecke auch bald das Subjekt XY und gehe auf sie zu. XY sieht exakt so aus, wie russische Mafiabräute eben aussehen: hoffnungslos überschminkt, blondierte Haare, weißer Pelzmantel.

Wir mustern uns den Bruchteil einer Sekunde, dann sagt sie: »Die Liste?«

Ich habe natürlich keine Ahnung, wovon sie redet, nicke aber teilnahmslos. Agenten wie wir sind bekannt dafür, nichts zu sagen, sondern nur mit vorgestülpten und zusammengepressten Lippen (ja, genau wie beim labial gebildeten A!) zu nicken. Daraufhin zückt sie ihr weißes Handtäschchen, zieht ein Stück Papier hervor und drückt es mir mit einem anbiedernden Lächeln in die Hand. Agenten wie wir reagieren auf so billige Annäherungsversuche natürlich überhaupt gar nicht. Wir stülpen nur unsere Lippen labial vor, nicken kurz, drehen uns stehenden Fußes um und verlassen den Ort des Geschehens. Lautlos. Zuverlässig. Verschwiegen.

12. Tütenmützen bei den Habsburgern

Der Ungar an sich scheint recht kälteempfindlich zu sein. Das zeigt sich nicht nur an der fetten Daunenjacke mit überdimensionaler Kapuze, die Flóra dieser Tage durch Budapest spazieren trägt, sondern auch an den gnadenlos überheizten Zimmern, die gut als Lehrmaterial für subtropisches Klima herhalten könnten.

Diese hochsommerlichen Temperaturen in geschlossenen Räumen erklären sich nicht unbedingt dadurch, dass die Ungarn nicht wissen, dass es zwischen heiß und kalt sehr wohl Abstufungen gibt. Eher liegt es daran, dass die meisten Heizungen das nicht wissen. Die lassen sich entweder ein- oder ausschalten, mehr nicht. Hinzu kommt, dass Heizkosten oft pauschal, also unabhängig vom realen Verbrauch, abgerechnet werden. Sperrangelweit geöffnete Fenster bei gleichzeitig bis zum Anschlag aufgedrehten Heizungen sind also keine Seltenheit.

Der Ungar an sich schüttelt auch verständnislos den Kopf über das andernorts inzwischen selbstverständliche System der Mülltrennung und kippt seinen Abfall weiterhin in eine einzige Tonne. In den ersten Wochen musste ich deshalb jedes Mal vor Scham die Augen fest zukneifen, wenn ich etwas wegwarf. Inzwischen hat sich das gelegt. Trotzdem ist mir in meinem antrainierten Umweltbewusstsein irgendwie nach westeuropäischer Rückendeckung.

Deshalb habe ich mich mit Flóra zu einem Ausflug

angemeldet, den fünfundzwanzig ungarische Schüler und vier Deutschlehrer nach Wien unternehmen. Der Bus fährt Samstagmorgen um sieben in Újpest ab, dem Plattenbau-Kiez im Nordosten von Budapest, in dem Flóra wohnt. Und weil die Anfahrt dahin recht beschwerlich ist, übernachte ich von Freitag auf Samstag bei ihr.

Wir sitzen stundenlang in ihrer Küche, hören Kassetten von Gerhard Schöne und Reinhard Lakomy und kochen dazu rakott krumpli, Kartoffelauflauf ungarischer Art, also mit (klar) Kartoffeln, gekochten Eiern, Salami und vor allem mit viel saurer Sahne. Der Ungar an sich steht auf saure Sahne. Und auf Mayonnaise. So gut wie alle Gerichte werden mit mindestens einer dieser beiden Zutaten verfeinert. Meinen Kampf mit dem bunten Plastikbecher hat niemand verstehen können: »Was ist denn an einem großen Löffel saurer Sahne im Mund schlimm?«

Nachdem ich auf einem Kopfkissen mit dem ungarischen Zeichentrickfilm-Fuchs Vuk geschlafen habe, der auch mich durch meine Kindheit begleitete, geht es in stockdusterer Nacht auf zur Bushaltestelle. Flóra und ich sind pünktlich, die anderen nicht. Der Bus fährt also eine Stunde später als geplant los, was mich nicht weiter stören würde, wenn ich diese Stunde im Bett hätte verbringen können statt an der Bushaltestelle.

Nach der Ankunft in Wien setzen Flóra und ich uns von den Schülern ab und erkunden die Stadt allein. Meine Begeisterung hält sich allerdings in Grenzen: Wien ist so schön, so geleckt, so perfekt, dass es einfach nur charakterlos und langweilig wirkt. Ein leeres Schaufenster hat mehr Ausstrahlung als diese rundumsanierte Stadt. Die Autofahrer bremsen zwar nicht nur für Tiere, sondern auch für Fußgänger, dafür kostet aber eine Tasse Kaffee auch wieder drei Euro. In Budapest bekommt man die für ein Drittel.

Flóra und ich laufen durch die verregnete Theaterkulisse namens Innenstadt und landen auf dem Weihnachtsmarkt, wo wir uns Sacher-Torte, Wiener Würstchen und jede Menge Glühwein einverleiben und dabei die Geschichtsbücher umschreiben: Was wäre gewesen, wenn die Ungarn 1849 gegen die Habsburger gewonnen hätten, die Donaumonarchie daraufhin ungarisch dominiert gewesen wäre und Ungarn letztlich die Weltherrschaft übernommen hätte?

»Die Welt wäre ein besserer Ort«, ist sich zumindest Flóra sicher.

Vor lauter Langeweile fangen wir schließlich an, einen Toilettenmann zu ärgern, neue Sprichwörter zu erfinden und uns erfolglos Gedanken über den Sinn eines Karussells zu machen, auf dem seltsame Kobolde Schokolade produzieren. Neben dem Goethe-Denkmal philosophieren wir über die vielen Augen der deutschen Sprache und schicken orientierungslose Touristen souverän in die Wüste. Und als uns wirklich nichts anderes mehr einfällt, widmen wir uns dem Wiener an sich und betreiben Sozialstudien.

Die wichtigste Erkenntnis: Flóra und ich sind mit unseren Kopfbedeckungen alles andere als en vogue. Ihre übergroße Daunenkapuze ist ebenso veraltet wie meine Bommelmütze mit Ohrenklappen, die Flóra permanent als Motorradhelm beschimpft. In Wien trägt man Plastiktüte. Größe und Musterung können individuell verändert werden und entsprechen dem persönlichen Geschmack des Trägers, aber grundsätzlich gilt: Plastiktüte auf dem Kopf muss sein. Okay, beim nächsten Wienbesuch wissen wir dann Bescheid.

Die Rückfahrt beginnt zwei Stunden später als geplant, weil zwei Schüler sich mit Glühwein besoffen und den Weg zum Bus nicht mehr gefunden haben. Sobald der Bus sich endlich in Bewegung setzt, kramt Flóra einen ungarischen Einkaufszettel hervor, dessen einzelne Punkte sie mich auswendig lernen lässt: Katzenstreu ist dabei, Wischlappen und Hagebuttentee. Zweifellos Vokabeln also, die ich demnächst wieder brauchen werde. Aber ich tu ihr den Gefallen, wenn sie mir dafür beibringt, wie man Heilbad, gyógyfürdő, richtig ausspricht. Mag ja sein, dass die deutsche Sprache viele Augen hat, die ungarische Sprache hat dafür aber viele Umlaute und unmögliche Konsonanten. Und ich weiß wirklich nicht, was schlimmer ist.

13. Das Prinzip Winterschlaf

In Budapest herrschen inzwischen Temperaturen, die selbst mir eine Spur zu niedrig erscheinen. Trotz Haarwolle und Bommelmütze friert meine Kopfhaut und zehn Minuten an der frischen Luft führen zu Ganzkörperversteifungen dritten Grades. Dafür sind aber die Vögel lustig anzusehen, wie sie auf Eisschollen über die Donau surfen. Und nachts leuchtet der Himmel über der Stadt rot und orangefarben, weil der Schnee das Licht reflektiert. Trotzdem: Es ist kalt in Budapest. Sehr. Man hätte mich auch ruhig mal vorwarnen können, dass Kontinentalklima nicht nur bedeutet, dass die Sommer heißer sind, sondern auch, dass die Winter kälter sind.

Logische Konsequenz: das Bett. Diese Assoziation kommt nicht von ungefähr, die hab ich mir bei den Ungarn abgeguckt. Die folgen nämlich ganz naturverbunden noch ihren Instinkten und gehen dem Prinzip Winterschlaf nach. Kennt man ja aus dem Tierreich. Das äußert sich zum Beispiel so, dass ich um halb fünf vor einem Museum stehe, das laut Plan bis sechs Uhr geöffnet ist, und nicht mehr reingelassen werde. Die Begründung: »Wir schließen jetzt, weil Winter ist.« Weil Winter ist. Sehr schön. Der Ungar an sich, der richtet sich nicht nach offiziellen Öffnungszeiten, nee, der geht nach seiner biologischen Uhr. Und die sagt: Winter. Schlafen jetzt.

Kein Wunder, dass die Ungarn zeit ihrer Geschichte

stets konsequent auf der Verliererseite kriegerischer Auseinandersetzungen gestanden haben. Ich nehme an, die haben immer mal wieder schön eine Runde geratzt und sind dann im Schlaf einfach so vom Feind überrannt worden. Aber mir soll das recht sein. Ich hab nichts gegen Winterschlaf. Im Gegenteil: Schlafen hilft. Gegen alles.

Flóra hingegen legt eine antisaisonale Aktivität an den Tag, die schon fast beängstigend ist: Sie will mir partout einmal mehr das wahre Ungarn zeigen und nimmt mich Freitag nach Redaktionsschluss mit ins Szimpla, wo wir eine zwölfköpfige Auswahl ihres Freundeskreises treffen. Das Szimpla liegt zusammen mit unzählbar vielen anderen Kneipen, Cafés, Theatern, Kinos, Kulturzentren und Clubs im siebenten Bezirk, dem alten jüdischen Viertel Budapests, das auch Elisabethstadt genannt wird.

Unter den ungarischen Nazis im Zweiten Weltkrieg, den Pfeilkreuzlern, waren hier die vielen Juden der Hauptstadt in ein Ghetto gesperrt. Im Gegensatz zum restlichen Teil des Landes, aus dem während der deutschen Besetzung innerhalb von zwei Monaten Hunderttausende Juden deportiert und in deutschen Konzentrationslagern ermordet wurden, blieben viele Budapester Juden verschont. Und ihre Kultur lebt in diesem Viertel bis heute weiter.

Deshalb fühlt man sich hier tagsüber gelegentlich wie in einem Film: Wunderschöne, wenn auch abrissreife Häuser aus der zweiten Hälfte des neunzehnten Jahrhunderts säumen dunkle Gassen. Schmale Kopfsteinpflasterstraßen führen vorbei an Perückenmachern, koscheren Restaurants und Konditoreien. Und mit ein bisschen Glück läuft vor einem auch noch eine orthodoxe jüdische Familie inklusive langer Mäntel, Hüte und Schläfenlocken Richtung Dohány-Synagoge.

Nachts aber ist hier nichts mehr koscher, außer dem Pálinka. Und den trinken Flóras Freunde wie Brause. Der Weg in die Herzen der Ungarn ist definitiv mit vielen, vielen Schnäpsen gepflastert, also halte ich mich ausgesprochen integrierungswillig ran. Das ungarische Wort für prost, egészségedre, kann ich schon lange nicht mehr aussprechen. Egs reicht aber auch, meint Flóra.

Außerdem erklärt sie mir begeistert die Vorzüge der ungarischen Sprache. Egészségedre bedeutet eigentlich: auf deine Gesundheit. Das heißt, die hocheffektiven Ungarn fassen hier mal eben drei Wörter in einem Wort zusammen. Egészség heißt wortwörtlich Ganzheit, steht aber für Gesundheit, ed für deine, re für auf. Toll. »Ungarisch für Anfänger« hat nicht zu viel versprochen. Suffigieren ist tatsächlich eine große Nummer bei den Ungarn. Die Gier nach Suff aber offenbar auch. Trianon, wir erinnern uns.

Also suffigiere ich weiter fleißig mit, was mir bei den anderen viel Respekt einbringt. Flóras Freund Sándor geht sogar so weit, mir zu erklären, ich sei seine beste Freundin und sein Haus stehe mir immer offen. Ein bisschen verwirrt über diese überraschende Liebeserklärung frage ich mal bei Flóra nach, ob man den Ungarn an sich eigentlich verletzt, wenn man etwas distanzierter auf solche Gefühlsäußerungen reagiert. Statt mir zu antworten, übersetzt sie meine Frage für die anderen ins Ungarische und stiftet damit großes Vergnügen.

Mitmenschen zum Lachen gebracht. Ziel erreicht. Abmarsch. Ich versuche, meine Rechnung zu begleichen, werde aber unter Androhung von Gewalt davon abgehalten. Dann schwanke ich nach Hause und lege mich schlafen.

Als ich aufwache, ist es schon wieder dunkel. Oh. Samstag verschlafen. Der Winterschlaf, der kann einem aber schon mal den Tag verderben. Eigentlich wollte ich künstlerisch wertvolle Fotos auf einem der Budapester Friedhöfe machen, aber das kann ich mir jetzt wohl abschminken. Grabsteine im Blitzlicht sind ungefähr so romantisch wie eine Neonröhre über dem Doppelbett. Also gehe ich in eins der vielen Heilbäder, die die Türken nach ihrer hundertfünfzig Jahre währenden Besetzung den Ungarn hinterlassen haben.

Ich lasse mich zwischen antiken Säulen in verdächtig riechendem Wasser treiben, betrachte die grünen Pilze an den Wänden, ratze dabei fast ein und fasse schließlich den Entschluss: Irgendwie muss ich es schaffen, die Kontrolle über meinen winterschlafenden Körper wiederzugewinnen. Am besten, indem ich einfach früher aufstehe. Morgen früh habe ich sowieso beim Gemeindekaffee der deutschen Katholiken eine halbherzige Verabredung mit einer alten Dame, die als ehemalige Hochschuldozentin eine minimale Rente bekommt. Wenn das mal kein soziales Brennpunktthema für die Zeitung ist. Also stelle ich den Wecker auf zehn Uhr und gehe schlafen.

Am nächsten Morgen klingelt der Wecker gehorsam und ich denke, ich muss sterben. Jetzt sofort. Mein Körper verweigert sich und fordert nachdrücklich sein Recht auf Schlaf ein. Kopf sagt: Wenn du eines Tages den Pulitzer-Preis gewinnen willst, dann musst du jetzt aufstehen. Körper sagt: Ich will keinen Pulitzer-Preis gewinnen, ich will schlafen. Körper gewinnt den Machtkampf. Sollte ich irgendwann mal im Winter sterben, werden meine letzten Worte nicht »mehr Licht« sein, wie bei Goethe, sondern »mehr Schlaf« – und das mit Ausrufezeichen.

Elf Uhr. Kopf hat Körper doch noch in die Kirche gezerrt, obwohl Letzterer sich sehr gewehrt hat. Ich höre dem Ende des Gottesdienstes zu und treffe im Anschluss den Pressesprecher der deutschen Botschaft.

»Ah, Frau Heller, wie geht's Ihnen?«

»Gut so weit. Bisschen müde vielleicht.«

»Müde? Wieso?«

Wieso? Es ist Winter! Es ist Sonntag! Es ist elf Uhr! Das sage ich ihm natürlich nicht. Stattdessen suche ich meine Verabredung und treffe sie schließlich bei einer Tasse Kaffee und einem Teller Pogácsa, ungarische Gebäckstückchen. Das stimmt mich milde.

Allerdings erklärt mir die dreiundachtzigjährige Frau als Erstes mal, dass sie kein Interesse daran hat, ihr Leben in der Öffentlichkeit breitgetreten zu sehen. Großartig. Nun bin ich extra früh aufgestanden, um den Alltag des verarmten ungarischen Rentners an sich zu beschreiben und dafür den Pulitzer-Preis zu bekommen. Und dann das. Trotzdem erzählt mir die Frau über eine geschlagene Stunde hinweg aus ihrem Leben. Ich höre ihr mit blutunterlaufenen Augen zu und nicke immer mal wieder. Zu mehr bin ich in meinem Zustand nicht fähig.

Sie aber taut richtig auf und kommt mir beim Reden immer näher. Als alte Küchenpsychologin weiß ich natürlich, dass ich jetzt nicht zurückweichen darf, sondern die Nähe zulassen muss, um ihr Vertrauen nicht zu enttäuschen. Ich denke, noch fünf Zentimeter und sie küsst mich auf den Mund. Mein Grinsen schlucke ich mal lieber runter. Das vergeht mir sowieso, als sie anfängt, sich darüber aufzuregen, dass der Holocaust heute mehr im Mittelpunkt der kollektiven Erinnerung steht als »unsere Jungs, die auf dem Schlachtfeld gestorben sind«.

Zum Schluss sagt sie mir, dass sie sich die Porträtgeschichte noch einmal überlegen will, aber ich habe keine Lust mehr, ihr ein Forum zu geben. Ich verabschiede mich und gehe nach Hause, um die Kamera für den Friedhofsausflug einzusacken. Erst lese ich aber noch ein bisschen in Flóras Buch über Ungarn – und erwache Stunden später aus einem unglaublich festen Schlaf. Blick aus dem Fenster. Tiefe Nacht. Toll. Ist der Tag also auch wieder vorbei.

14. Der Weihnachtsmann spricht Sächsisch

Der ungarische Winter ist definitiv nichts für schwache Gemüter. Ich gehe davon aus, dass diese Jahreszeit zusammen mit dem Vertrag von Trianon und dem Lied vom traurigen Sonntag daran schuld ist, dass die Selbstmordrate in Ungarn weltweit eine Spitzenposition einnimmt. Damit mir das nicht passiert, bleiben mir zwei Möglichkeiten: Entweder verbringe ich die nächsten Monate im Bett oder ich wehre mich. Ich beschließe, mich zu wehren.

Also packe ich meine Sachen und ein paar Geschenk-Salamis, schnappe mir mein geliebtes »Ungarisch für Anfänger« und trete die Flucht nach vorn an: Ich fahre zu meinen Eltern und ihrem alle Lebensgeister weckenden Kühlschrank. Immerhin ist Weihnachten und da ist das nun mal so üblich.

Was die Stunde geschlagen hat, habe ich in den vergangenen Wochen gleich an mehreren Hinweisen erkannt: Auf dem kleinen, aber vergleichsweise unverkitschten Budapester Weihnachtsmarkt musste ich für die Zeitung (»immer wie ein Leser denken«) potenzielle Geschenke aufspüren und die Hersteller, allesamt Meister der Handwerkskunst, zu Tricks und Kniffen bei der Produktion befragen. Bei der Gelegenheit habe ich mich zu mehreren Glühweinen einladen lassen und mir die traditionelle ungarische Küche in Form von Hurka-Würsten mit Schweineinnereien gegeben. Und diese Würste machen ihrem Namen wirklich alle Ehre:

Mein gestresster Magen hat mir über Stunden hinweg was von Huuuurrrrka erzählt.

Ein weiterer eindeutiger Indikator für Adventszeit ist die Tatsache, dass die Anzahl an Artikeln mit gutmenschlichem Hintergrund inflationär zugenommen hat. So hat die ungarische Regierung ein paar Kindern aus sozial benachteiligten Schichten Säcklein mit Süßigkeiten geschnürt, die sie sich im Blitzlichtgewitter der Presse abholen durften. Mit der Bildunterschrift zu dem dazugehörigen Foto hat Flóra unseren allwöchentlichen Wettkampf »Wer schreibt die bescheuertste Bildunterschrift und kommt damit auch noch durch?« haushoch gewonnen. »Glückliche Kinder im Parlament«, steht jetzt in der Zeitung – und niemand hat's gemerkt.

Mein Beitrag zur Spendenwelle war ein Artikel über die Aktivitäten des Kulturkreises deutscher Frauen. Ja, so etwas gibt es. Der Kulturkreis deutscher Frauen besteht aus den Ehefrauen von Geschäftsmännern, die hier ein paar Jahre lang beruflich zu tun haben und dann das Land wieder verlassen. Und weil die Anhängselfrauen sich sonst zu Tode langweilen würden, treffen sie sich regelmäßig in einem Luxushotel auf einen Kaffee und retten ab und zu mal die Welt. Mit denen also fuhr ich in ein Dorf bei Budapest, wo sie Roma-Familien mit Lebensmitteln, Heizmaterial und Geld versorgten.

Leider wurde mein Glaube an das Gute in der deutschen Hausfrau schon während der Anfahrt zerstört, als sich die Gesprächsthemen im Auto um eine so genannte Hühnersuppen-Diät und die Frage drehten, ob achtzehntausend Forint (siebzig Euro) eigentlich zu viel sind für eine Tischdecke. Um höflicherweise auch einen Beitrag zur Konversation zu leisten, erkundigte ich mich mal nach ihren Fortschritten beim Erlernen der Landessprache. Ich dachte mir, geteiltes Leid ist halbes Leid. Aber die Antwort lautete wie folgt: »Den einzigen Kontakt, den ich zu Ungarn habe, ist der zu meiner Haushaltshilfe. Und wir verstehen uns auch ohne Worte.« Okay.

Fakt ist also: Es weihnachtet sehr. Für Menschen, denen diese Erkenntnis trotz der vielen Anhaltspunkte bislang verwehrt geblieben ist, hat sich der bullige Fahrer des Busses, der mich in heimatliche Gefilde bringen soll, zur Sicherheit noch eine blinkende Weihnachtsmannmütze aufgesetzt. Ich wiederhole: eine blinkende Weihnachtsmannmütze. Ich aber lasse mich nicht abschrecken und frage ihn trotzdem auf Ungarisch, ob er der Fahrer ist. Daraufhin dreht er sich zu seinem schmächtigen Kollegen um, der ihm die Frage in gebrochenem Deutsch übersetzt, und wendet sich dann wieder mir zu: »Nu, mir beede sin die Busfaohror. Wo willsdn hin?« Ein Sachse. Und was für einer. Einer, der die hohe Kunst des Siezens ebenso wenig beherrscht wie Hochdeutsch.

Mir kann das ja egal sein, ich kann duzen und ich kann Sächsisch. Der arme Asiate hinter mir aber zerbricht fast an der linguistischen Herausforderung. Der Pseudo-Weihnachtsmann hier mit seiner Scooter-Ausstrahlung setzt Sächsisch nämlich tatsächlich als internationale Allgemeinbildung voraus und reagiert auf die zusammengestotterte englische Frage meines Mitreisenden mit einem »Isch wees ni, was du von mir willsd«. Im Namen der Völkerverständigung mische ich mich ein und übersetze zwischen den beiden Königskindern, die sonst nie und nimmer zueinander finden würden. Man möge mir bitte den Friedensnobelpreis dafür verleihen. Danke.

Der Techno-Nikolaus setzt mich zwölf Stunden später in Dresden ab, wo mich wie immer ein Weihnachtsfest erwartet, das zwar lustig, dafür aber alles andere als besinnlich ist. Es gibt selbstgestrickte Socken von Oma und selbstgebackene Plätzchen von Muttern. Mein Vater schneidet den Gänsebraten auf und mein Bruder gibt seinen Senf dazu. So soll das sein. So war das schon immer. Und so soll es bitte auch bleiben. Dasselbe gilt für das Nachtleben in der Neustadt, für den alle Sinne betäubenden Hauswein im »El Perro Borracho« zum Beispiel und für die einzigartige Musikauswahl im »Hebe das«. Nach drei Tagen weiß ich wieder: Dresden rockt.

15. Party-Hopping zu Silvester

Budapest rockt aber auch. Und deshalb bin ich pünktlich zur Jahreswende wieder live vor Ort, im Besitz von vier Pressekarten für die angeblich größte Silvesterparty der Stadt, aufgrund diverser organisatorischer Schlampereien allerdings nicht mit Begleitpersonen ausgestattet. Auch egal. Dann mache ich mich eben allein auf den Weg – und zwar zuerst Richtung Westbahnhof, einem weiteren Budapester Gebäude, das vor hundert Jahren bestimmt mal sehr würdevoll und schön war. Inzwischen nicht mehr so.

Neben dem heruntergekommenen Bahnhof aber haben findige Veranstalter eine Bühne aufgebaut, von der mir Aretha Franklin entgegensingt. Ach, wäre es doch nur Aretha. Aber nein, eine blonde Frau mit freigelegtem flachem Bauch versucht sich an »A Natural Woman« und scheitert erwartungsgemäß kläglich. Ich persönlich bin ja der Ansicht, Cover-Versionen von Franklin-Songs gehören grundsätzlich verboten. Und erbärmlich piepsenden Frauen, die nicht mal wissen, wie Soul geschrieben wird, sollten umgehend die Stimmbänder verknotet werden, wenn sie sich erdreisten, das geheiligte Liedgut der Grande Dame zu entweihen.

Deshalb übe ich mich in passivem Widerstand, indem ich dieses Gruselkabinett verlasse und mich zum Vörösmarty tér begebe, wo mich die nächste Open-Air-Bühne erwartet. Auf dem Weg dorthin und auch vor Ort sehe ich etliche maskierte Menschen mit Perücken und Tröten. Die Nachricht, dass in Ungarn kein Karneval gefeiert wird, war ganz offensichtlich falsch. Da hab ich mich wohl zu früh gefreut.

Ich schlängele mich trotzdem todesmutig durch die albernen Menschenmassen hindurch bis zur Bühne, wo mir eine Altherren-Combo auf Teufel komm raus beweisen will, dass nicht alles schlecht war in den achtziger Jahren. Hier gibt es ein Wiedersehen mit männlichen Langhaarfrisuren trotz schütterem Haar, mit schwarzen Lederhosen, die kurz unter den Waden ihr Ende finden, und vor allem mit einem längst verdrängten Gitarrensolo am tragbaren Keyboard.

Das Publikum aber ist begeistert und singt jedes Wort mit. Die beiden älteren Groupies vor mir müssen vor zwanzig Jahren schon große Fans der Band gewesen sein. Später haben sie das wilde Leben aufgegeben und mit ihrem Job als Versicherungsangestellte vorliebgenommen. Aber heute Abend sind sie noch mal jung, außer sich und echte Rocker.

Und als solche werfen sie dem Sänger Münzen auf die Bühne. Münzen! So arm dran kann der Mann nun auch wieder nicht sein. Zudem landet das Geld ein paar Mal fast in seinem Auge. Vokuhila hin, Synthi-Sound her – solche Fans wünscht man selbst dem peinlichsten Musiker auf Erden nicht. Dann drängelt sich auch noch eine ungarische Flagge in mein Bild, die ein Typ neben mir enthusiastisch hin- und herschwenkt.

»Scheiße, aber stolz, hoa?«, rufe ich ihm zu. Er hört mich nicht.

Gut, dann nonverbale Kommunikation. Ich nehme mir freundlich lächelnd die Fanta-Flasche-mit-irgendwas-drin, die ein anderer Nachbar vor sich herträgt. Der junge Mann hat offenbar nichts gegen meinen dreisten Vorstoß. Im Gegenteil: Er gibt mir bereitwillig nickend von seinem geheimnisvollen Getränk ab. Ja, der Ungar an sich, der ist weltweit bekannt für seine Freizügigkeit und Gastfreundschaft.

Wir machen uns nonverbal über das Bühnengeschehen lustig und ich schenke ihm und seinen Kumpanen aus lauter Solidarität meine drei übrigen Pressekarten. Kurz danach stellt sich heraus, dass die Jungs aus Aachen kommen. Ja, der Deutsche an sich, der ist weltweit bekannt für seine Freizügigkeit und Gastfreundschaft.

Die Aachener wollen sich unbedingt noch eine große Portion Hardrock gönnen, also fahre ich allein zur Sportarena, unternehme einen Rundgang und entscheide mich schließlich für einen von vier Sälen: Dort spielt eine Band nach der anderen und in einem kleinen Nebenraum dröhnen elektronische Bumm-Bumm-Bässe aus der Box.

Die Musikanten auf der Bühne kenne ich schon: Sziámi, die Band von Péter Müller, einem der Gründer und Organisatoren des Sziget-Festivals. Und zweimal muss man sich den nicht unbedingt ansehen. Also gehe ich zu den blinkenden Weihnachtsmännern in der Techno-Ecke. Auf der Tanzfläche lerne ich einen jungen Mann kennen, der geschätzte siebzehn Jahre alt ist (so viel zum Klischee, Techno sei etwas für Menschen ohne Kontaktbedürfnis). Aber bevor ich noch wegen Unzucht mit Minderjährigen des Landes verwiesen werde, vertiefe ich mich mal lieber allein in die pumpenden Beats.

Völlig abgekämpft, nüchtern und überrascht lande ich schließlich im neuen Jahr. Ich wundere mich noch, warum der DJ auf einmal so ein lahmes Stück auflegt, erkenne dann die höchst melancholische ungarische Nationalhymne und da ist es auch schon passiert: Mit-

ternacht. Herzlich willkommen im neuen Jahr. Alle re-
cken die Fäuste in die Luft und singen die Hymne mit.
Ich natürlich nicht. Ich kann den Text nicht. Außerdem
bin ich viel zu abgelenkt, um mitzusingen. Ich stelle
mir nämlich gerade vor, welches Schicksal einen DJ
in meinem Herkunftsland ereilen würde, wenn er die
deutsche Nationalhymne auflegen würde. Kein gutes,
nehme ich an.

Nach der Zeremonie wechsle ich über zur Bühne,
wo inzwischen Kispál és a Borz spielen, die mir durch
Flóras Kassetten schon vertraut und durchaus sympathisch sind. Flóra behauptet zwar, die Texte seien
der eigentliche Reiz an der Band, aber ich finde, die
Musik funktioniert auch ohne Ungarisch-Kenntnisse.
Nach dem großartigen Konzert verlangen meine Ohren und Füße nach Ruhe, also mache ich mich auf den
Heimweg.

Der Nachtbus fährt natürlich nicht nach Fahrplan.
Erstens: Weil keiner aushängt. Zweitens: Weil Winter
ist. Und drittens: Weil öffentliche Nahverkehrsmittel
in Ungarn das generell nicht tun. Ich frage drei Mit-
wartende an der Haltestelle, ob wir uns ein Taxi in die
Innenstadt teilen wollen. Sie wollen.

Der Taxifahrer will als Erstes wissen, ob ich schon
mal in Israel gewesen sei. Ja, sage ich, drei Monate
lang. Die zweite Frage ist, ob ich Jüdin sei. Nein, sage
ich, nicht dass ich wüsste. Trotzdem fängt er an, Hebräisch mit mir zu reden. Da muss ich ja nun leider
passen. Zudem unterbricht Réki (oder so ähnlich) von
der Rückbank ständig seinen Monolog: »Don't talk to
taxi drivers. They're all pervert.« Alles klar. Taxifahrer in Ungarn sind also grundsätzlich pervers. Laut
Réki.

Über meinen Kopf hinweg wird entschieden, dass

ich nicht nach Hause fahre, sondern noch mit zu einer Party in einem Laden namens Pótkulcs komme. Nach fünf Minuten hysterischen Geplappers von der Rückbank bekomme ich heraus, dass der Name auf Deutsch Ersatzschlüssel heißt. Eine so abwegig betitelte Kneipe muss ich mir definitiv mal aus der Nähe ansehen. Und überhaupt: Ich habe sowieso keine andere Wahl. Wenn der Ungar an sich einen einlädt, sagt man besser zu. Sonst gibt's Stress.

Der erste Mensch, der mir in diesem ominösen Laden über den Weg läuft, begrüßt mich mit den Worten: »Hallo, ich bin aus Israel.«

Ich weiß auch nicht, warum sein Herkunftsland ihm erwähnenswerter erscheint als zum Beispiel sein Name. Aber wenigstens redet er nicht Hebräisch mit mir, sondern Englisch. Trotzdem lasse ich ihn nach fünf Minuten stehen und gehe rüber zur Tanzfläche. Immerhin ist Silvester. Zeit zum Feiern, nicht zum Reden. Das sehen auch die anderen so: Sie tanzen auf den Tischen, auf der Theke und ganz Hartgesottene sogar auf der Tanzfläche. Mein lieber Scholli.

Ich geselle mich sofort dazu, pogóze eine ganze Zeit lang und falle schließlich völlig fertig auf eine ranzige Couch. Neben mir sitzt ein Pärchen, das genauso heißt wie die Protagonisten in »Ungarisch für Anfänger«: László und Ildikó. Ich erkläre ihnen natürlich sofort, dass ich sie bereits aus meinem Lehrbuch kenne und dass sie dort immer Dialoge wie den folgenden miteinander führen:

László sitzt auf einem Apfelbaum, unter ihm stehen Ildikó und ihre beste Freundin Mónika.

Ildi (bewundernd): »Laci ist geschickt und stark. Dort oben ist er.«

Móni (geknickt): »Ja. Die Mädchen sind nur hier unten.«

Daraufhin Laci (gönnerhaft): »Leider sind die Mädchen schwach. Hier ist ein feiner Apfel. Bitte.«

Und die Mädchen zum guten Schluss im Chor: »Danke. Wir sind sehr hungrig und müde.«

Das finden die beiden so lustig, dass sie nach einer Weile festlegen, dass wir zu dritt noch zu einem anderen Club fahren. Okay, sage ich mir, jetzt ist auch alles egal. Im Kultiplex fragt mich der Türsteher, wo ich herkomme. Nein, nicht aus Israel, aus Deutschland komme ich. Daraufhin er (auf Deutsch): »Ossi oder Wessi?«

Ich hebe die Hand zum Pioniergruß und rufe scheiße, aber stolz: »Ossi!« – woraufhin er mich kostenlos reinlässt. Anders wäre es jetzt auch echt nicht mehr gegangen, denn ich bin längst pleite.

László und Ildikó nehmen diesen Umstand zum Anlass, mich auf ein weiteres Bier einzuladen und durch die vielen verwinkelten Räume zu scheuchen. Überall rocken Menschen zu elektronischer Musik, aber mein Tanzwille ist weg. Ich klinke mich irgendwann aus, fahre im Morgengrauen nach Hause und falle tot ins Bett. Winterschlaf, nehme ich an.

Und tatsächlich werde ich vor Sonnenuntergang nicht mehr wach. Wenn der Neujahrstag einen Vorgeschmack auf das kommende Jahr geben soll, dann werde ich die nächsten zwölf Monate einfach durchschlafen. Großartige Aussichten. Um wenigstens noch die Illusion von Tageslicht zu bekommen, laufe ich abends hoch zur Fischerbastei im Burgviertel. Es fängt gerade an zu schneien und überall bildet sich eine dünne Schicht weißen Pulvers. Meine Fußspuren sind die ersten im frischen Schnee auf den Stufen zu den weißen Pavillons über der erleuchteten Stadt.

Ich bin ganz allein, habe einen Ausblick in drei Himmelsrichtungen und sehe nur Schönheit. Über meinem Kopf der orangefarbene Himmel, zu meinen Füßen die erleuchtete Stadt und in meinen Ohren Flóras Rockoper »István a király«, Stephan der König, der gerade seinem Land eine Liebeserklärung macht: »Szép Magyarország, édes hazánk«, schönes Ungarn, unsere süße Heimat. Es ist dieser eine Augenblick, dieser perfekte Moment, der mir tatsächlich die Knie weich werden lässt. Das ungarische Pathos ist offenbar ansteckend.

16. Brekeke! Nyihaha!

Neues Jahr, neues Team, scheint sich der Geschäftsführer gedacht zu haben, denn der Januar beginnt in der Redaktion mit zahlreichen Kündigungen – von seiner Seite, im beiderseitigen Einvernehmen oder auch freiwillig von Seiten der Angestellten. Mehr als die Hälfte aller Kollegen, die ich im November kennengelernt habe, sind schon gegangen oder gehen demnächst. »Leute«, flüstere ich immer wieder, »jetzt gebt euch doch mal die Hand und vertragt euch.« Aber die Leute tun so gar nichts dergleichen: Gunnar zum Beispiel verabschiedet sich im Streit und Flóras Stelle wird nach drei Jahren einfach so gestrichen. An mir geht der Kündigungskelch zwar wie durch Zauberhand vorbei, aber das hebt meine Laune nicht unbedingt an.

Gunnar scheint die letzten Wochen vor seinem endgültigen Abgang dafür nutzen zu wollen, mir in seiner Eigenschaft als einzig wahrer Mentor weise Ratschläge mit auf den Weg zu geben. Immer wieder animiert er mich dazu, wie ein Leser zu denken – sogar beim Essen. Wir stehen im Imbiss des Bürohauses, ich will mir einen Pfannkuchen namens fánk bestellen, verwechsle die Vokabel aber peinlicherweise mit fink, Furz: »Hallo, einen Furz bitte.«

Mónika, die Imbisstante, gackert mit Gunnar um die Wette, bis die Tränen fließen. Allmählich könnte ich mein Anfänger-A mal gegen ein Ausländer-A austauschen, finde ich.

Gunnar beruhigt sich langsam wieder und fängt mit der Lektion an: »So, Lysann, was siehst du, was hörst du, worüber könnte man schreiben, was interessiert die Leute?«

»Melde gehorsamst: Gemeine Stolpersteine in der ungarischen Sprache!«

»Nicht schlecht, gar nicht schlecht. Was noch? Was fällt dir zum Beispiel jetzt und hier auf?«

»Sir, die schreckliche Chartmusik aus dem Radio, Sir!«

»Schreib über die ungarische Radiolandschaft. Verabrede dich mit einem Programmchef und führ ein Interview mit ihm. Oder spür Piratensender auf.«

»Aber Sir, ich kann kein Ungarisch.«

»Ach, hör mir auf. Dann musst du's eben lernen. Und bis dahin findest du immer jemanden, der Deutsch oder Englisch spricht.«

»Sir, yes, Sir.«

»Ordentlich. Sie sind entlassen, Gefreite Heller, abtreten.«

Flóra hingegen gestaltet ihren Abschied auf ganz andere, höchst subversive Weise: Sie bringt mir das tröstliche ungarische Sprichwort »Viele Gänse besiegen das Schwein« bei. Auf meine Frage, wie sie denn jetzt ihr Leben zu finanzieren gedenkt, antwortet sie lapidar mit: »Ich finde schon einen anderen Job. Und wenn nicht, dann pinkeln mir eben die Hunde ans Bein.« Das ist in Ungarn nämlich der Fall, wenn man pleite ist. Dann kommen die Hunde und pinkeln einem ans Bein. Keine schöne Vorstellung.

Ich werde den Kollegenschwund schon irgendwie überleben. Und Zsuzsa muss mir dabei helfen, auch wenn unsere Kommunikation stark zu wünschen übrig lässt. Aber daran lässt sich ja arbeiten. Morgens treffe ich sie in der HÉV-Bahn Richtung Redaktion. Ich setze mich zu ihr und erzähle ihr auf Deutsch aus meinem Leben. Keine Reaktion. Sie sieht aus dem Fenster und summt vor sich hin. Hmm. Ich muss langsamer und einfacher sprechen. Oder ich rede gleich Ungarisch mit ihr. Kein Problem, nem gond. »Das ist der Arm«, erkläre ich ihr mit richtungsweisender Handbewegung. »Der Hals, der Kopf, das Gesicht, der Mund und die Augen.«

Tatsächlich taucht sie wieder ein in die Welt der bilateralen Verständigung und nimmt meine Vokabelaufzählung zum Anlass, »Ungarisch für Kleinkinder« mit mir zu spielen: Sie zeigt mir ihre Hand.

Ich sage hocherfreut: »A kéz!«, die Hand.

Sie schüttelt den Kopf und zeigt nur einen Finger.

Ich freue mich noch mehr und rufe siegessicher: »A mutatóujj!«, der Zeigefinger.

Sie aber schüttelt erneut den Kopf und zeigt nacheinander einzelne Finger.

Ich: »Ujj?«, Finger.

Sie nickt und sagt dann: »Und was heißt: neu?«

Ich bin inzwischen zwar schon etwas irritiert, aber trotzdem ganz außer mir vor Ich-weiß-was-Adrenalinschüben und rufe begeistert: »Új!«

Sie hält an ihrer undurchschaubaren didaktischen Strategie fest und fragt: »Und was heißt: neuer Finger?«

Was ist das denn für eine bescheuerte Frage? Worauf will sie hinaus? Na gut: »Új ujj.«

Sie treibt es auf die Spitze: »Und was sagt das kleine Schwein?«

Wie bitte? Was sagt denn um Gottes willen ein Ferkel? »Äh, quiek?«

Dann endlich die Lösung: »Nein, uiui sagt das kleine Schwein, új ujj, neuer Finger, verstehst du?«

Eigentlich ja nicht, aber ich nicke ergeben. Ich brauche schließlich Verbündete in der Redaktion. Viele Gänse besiegen das Schwein. Das sage ich ihr auf Ungarisch und sie kichert wie ein Kind. Eine seltsame Frau.

Schließlich bringt sie mir bei, wie sich die ungarischen Tiere miteinander verständigen: Der ungarische Frosch an sich sagt nämlich nicht quak-quak, sondern brekeke. Das Pferd wiehert nicht, es niest mehr: »Nyi-haha.« Die Ente giert hungrig »háp-háp«, der Hahn nervt morgens mit »kukurikú« und die Mutti vom kleinen Schwein grunzt »röf-röf«. Die Ziege dagegen tut's den Ungarn gleich und beschränkt sich auf ein »Mek-mek«. Diesen sprachwissenschaftlich wertvollen Vergleich stelle nicht ich an, sondern Zsuzsa: »Ungarisch ist die Mek-mek-Sprache. Noch nicht bemerkt?« Nein. Jetzt aber.

Dann kommt unsere Haltestelle und Zsuzsa komplettiert den virtuellen Zoo mit der Ansage: »Und jetzt springt der Affe ins Wasser.« Der ungarische Affe springt nämlich immer dann ins Wasser, wenn es spannend wird oder gleich etwas passiert. Dann nimmt der Anlauf und springt. Stumm. Ungarische Affen reden nicht, die üben sich in nonverbaler Kommunikation. Reden deutsche Affen eigentlich? Nee, ich glaube, die bilden nur das A labial und essen Bananen. Mehr tragen die nicht bei zur Welt der Kommunikation.

Tiere kommen hierzulande öfter mal in Gesprächen vor – zumindest wenn man sich weigert, auf Fremdsprachen auszuweichen, obwohl man der Landessprache noch lange nicht mächtig ist. In einer altehrwürdigen Postfiliale zum Beispiel sitzt eine reifere Dame mit aufgetürmten Haaren und einer goldgerahmten Brille an einer Kette hinter einem Schalter aus dunklem Holz und blickt mir erwartungsvoll entgegen. Ich grüße freundlich, reiche ihr meine Feldpost und sage »bitte« dazu. Das muss doch eigentlich reichen. Ihr aber nicht.

Sie fragt mich was. Ich hab keine Ahnung, wovon sie redet, und sage: »Wie bitte?«

Daraufhin fängt sie in einem atemberaubenden Tempo und unter Verwendung kompliziertester Wörter und Wendungen an, mir zu erklären, wo das Problem liegt. Ich sehe sie verständnislos an. Sie wird ungeduldig, dreht die Lautstärke hoch und plappert unaufhaltsam weiter. Ich murmle leise einzelne Bestandteile ihrer Ansprache vor mich hin und durchsuche sie verzweifelt nach mir bekannten Vokabeln. Sie sieht mich an, als sei ich geistig minderbemittelt. Nach einer weiteren Gesprächsminute begreift sie endlich, dass sie es hier nicht mit einer gebürtigen Ungarin zu tun hat, sondern mit einem Ausländer.

Prompt ändert sich die Stimmung. Die Dame wird wieder freundlich, kooperativ und stellt zum Schluss sogar ihr schauspielerisches Talent unter Beweis, indem sie pantomimisch ein Flugzeug nachahmt. Nein, falsch, eigentlich stellt sie kein Flugzeug dar, das würde ja majestätisch durch die Luft gleiten. Sie aber flattert mit ihren Armen wie ein kleiner hektischer Spatz. Ich muss lachen. Ja, weiß die Frau denn nicht, wie ein richtiges Flugzeug aussieht? Sie lacht mit. Schließlich bitte ich sie darum, die Briefe per Luftpost in die Heimat zu versenden.

Eine ähnliche Situation ergibt sich später am Auskunftsschalter in einem Einkaufszentrum, wo ich nach dem Weg zu einer Fotoausstellung frage. Der junge Mann antwortet bereitwillig, wiederholt seine Aussage, wird beim dritten Mal lauter, guckt mich irritiert an, versteht schließlich und fängt dann an zu gestikulieren: Er wedelt wie wild mit den Armen, macht mit seinem Mund blasende Geräusche und bricht zum Schluss in Lachen aus. Aha, die Ausstellung ist am Springbrunnen. Vielen Dank.

17. Mehr als »nett« ist nicht drin

Es wird höchste Zeit, dass man mich feiert. Ich habe das verdient, finde ich. Allein schon deshalb, weil ich soeben zum ersten Mal ein geschäftliches Telefonat komplett auf Ungarisch geführt habe. Okay, es ging ungefähr so:

»Guten Tag, mein Name ist Lysann Heller, ich schreibe für die *Budapester Zeitung* und möchte gern András Kovács sprechen.«

»Der ist nicht da.«

»Danke. Auf Wiederhören.«

Aber immerhin. Auf Ungarisch. Das schreit nach Anerkennung. Doch als ich mich an meine Kollegenschaft wende, beifallheischend mit beiden Zeigefingern auf mich selbst zeige, mehrmals triumphierend nicke und laut »Yeah!« rufe, ernte ich nur desinteressiertes Schweigen.

Ganz besonders unbeeindruckt gibt sich Ágnes, die sieben Jahre lang in Bochum studiert hat, seit kurzem wieder in Ungarn lebt und als stellvertretende Chefredakteurin bei der Zeitung angefangen hat. Während der durchschnittliche Magyare sich über Ungarisch lernende Ausländer fast zu Tode freut und sie mit völlig unglaubwürdigen Komplimenten bezüglich ihrer Aussprache überschüttet, reagiert Ági maximal mit einem »nett«. Das ist dann ihre Art der Respektbekundung. Muss man sich dran gewöhnen. Mehr als »nett« ist bei Ági nicht drin.

Auch sonst scheint sie in keins meiner vielen Klischees reinpassen zu wollen – aus Prinzip nicht. Auf meine ersten beiden wissenschaftlichen Testfragen zum Beispiel reagierte sie sehr überraschend:

»Ági, was hältst du eigentlich von Trianon?«

»Ist mir scheißegal.«

»Was?«

»Mann, das ist jetzt fast hundert Jahre her. Wird Zeit, dass die Ungarn sich langsam mal an den Grenzverlauf gewöhnen.«

»Krass. Und äh, was ist mit Alkohol?«

»Was soll damit sein?«

»Na, trinkst du gern mal einen über den Durst?«

»Klar.«

»Pálinka?«

»Nee. Sekt, Wein und Cocktails.«

»Krass.«

Ági würde auch eine schnöde Leberwurstsemmel immer einem Stück Torte vorziehen, was angesichts der großartigen Konditortradition in Ungarn wirklich eine Schande ist. Über einen Schokoriegel mit Quarkfüllung namens Túró Rudi, der völlig zu Recht das Aushängeschild der ungarischen Süßwarenindustrie ist, gerät sie nicht etwa in Ekstase, nein, sie sagt: »Hmm, nett.« Das alles bringt mich zu dem empört hervorgebrachten Verdacht: »Du bist ja gar keine richtige Ungarin!«

Ihre Antwort: »Da lege ich auch keinen großen Wert drauf.«

Irgendwas stimmt hier ganz und gar nicht. Nicht mal scheiße drauf und stolz dabei ist sie.

Wie sich später herausstellt, ist Ági tatsächlich keine richtige Ungarin. Eine Hälfte ihrer Familie stammt nämlich von den Donauschwaben ab, den Deutschen, die im achtzehnten Jahrhundert nach Ungarn kamen und seitdem mit ihrem komischen Dialekt, den alten Traditionen, Trachten und Tänzen die deutsche Kultur von damals aufrechtzuerhalten versuchen. Nach dem Zweiten Weltkrieg wurden viele Ungarndeutsche vertrieben, aber noch immer prägen sie in einigen Ortschaften das Geschehen. Und Ági gehört irgendwie zu ihnen – auch wenn sie das noch viel weniger hören will als all die Eindrücke, die ich mir inzwischen von Ungarn gemacht habe.

Und wie gesagt, sie lehnt es auch ab, mich und meine Höchstleistungen beim Erlernen der ungarischen Sprache zu würdigen, geschweige denn zu feiern. Ági weigert sich sogar, auch nur ein Wort Ungarisch mit mir zu sprechen. »Bis du deinen Satz endlich rausgestottert hast, bin ich schon eingeschlafen«, lautet ihre wenig erbauliche Erklärung.

Auf meinen Einwand, dass ich doch aber mit irgendjemandem üben muss, reagiert sie kurz und knapp: »Nicht mit mir.«

Nicht mit *mir*, denke ich mir und drehe den Spieß um. Wer mich nicht freiwillig unterstützt und lobhuldigt, der wird dazu gezwungen.

Deshalb entscheide ich, dass mein Geburtstag ansteht. Den kann sie nicht mit einem »nett« abtun. Geburtstage sind nämlich heilig. Eigentlich reicht ja ein einziger Tag im Jahr gar nicht aus, um das eigene Entstehen gebührend zu würdigen, weshalb ich schon mehrfach angeregt habe, dass meine Geburt das ganze Jahr über gefeiert wird. Leider ist diese Idee stets am Widerstand meiner Mitmenschen gescheitert. Und so begnüge ich mich immer mit einer bescheidenen Geburtswoche.

Den Ungarn könnte so eine Niederlage nicht widerfahren, die feiern nämlich nicht nur Geburts-, sondern auch Namenstag. Für häufige Namen stehen mehrere

Tage im Jahr zur Auswahl. Und wer einen seltenen Namen hat, der feiert am Namenstag eines ähnlichen Namens. Deshalb habe ich mich mal kundig gemacht und folgende Entscheidung getroffen: Meine Namenstage sind am 19. Februar, am 5. Mai, am 24. Mai, am 2. Juni, am 4. Juni, am 8. Juni, am 13. Juni, am 1. Juli, am 26. Juli, am 24. August, am 5. November, am 14. November, am 17. November, am 19. November, am 25. November und nicht zu vergessen am 1. Dezember. Hinzu kommt noch der Tag meiner Zeugung, für den ich den 9. Mai veranschlagt habe.

Der Höhepunkt all dieser Feiertage ist aber natürlich mein Geburtstag, der 27. Januar, dessen Herannahen ich wie immer Wochen vorher angekündigt habe, indem ich die Bedeutung dieses Tages für die Menschheit im Allgemeinen und den Gesprächspartner im Speziellen hervorgehoben habe.

Und dieses Jahr habe ich sogar einen neuen Rekord aufgestellt! Zsuzsa hat bereits am 16. Januar gesagt: »Genug! Ich kann das nicht mehr hören!« Auch Ági straft mich nur noch mit kühler Ignoranz und einem schlichten »Fresse«, sobald die Rede »zufällig« auf das Thema kommt.

Diese Reaktionen führen dazu, dass ich am Vorabend des großen Tages an der Dohány-Synagoge stehe, auf die geladenen Gäste warte und die für mich eher untypische Angst entwickle, dass jene mich aus purem Protest gegen meine nervige Art versetzen werden. Aber nein, sie lassen mich nicht im Stich, sie sind nur Ungarn und als solche verspäten sie sich natürlich. Wir setzen uns ins Szóda, eine Kneipe im jüdischen Viertel mit integrierter Tanzfläche im Keller. Kurz vor Mitternacht zählen die anderen ordentlich einen Countdown runter, singen mir ein schönes Lied vor und lassen mich hochleben. Dann stürmen wir die Tanzfläche.

Dort fragt mich zuerst ein äußerst attraktiver Herr nach Feuer und danach eine äußerst attraktive Dame, wie's mir geht. Beide sind mir völlig unbekannt. Ich sehe mich zu meinen Begleitern um: Haben die das eingefädelt? Nö, die haben das nicht mal bemerkt. Komisch. Auf dem Heimweg lerne ich in der mobilen Partnervermittlung namens Nachtbus auch noch einen gewissen Marci kennen, der sein Deutsch und mein Ungarisch aufzufrischen gedenkt, indem er sich regelmäßig mit mir treffen will. Als ich schließlich in mein Bettchen falle, denke ich mir: Ich glaube, es ist ziemlich cool, sechsundzwanzig Jahre alt zu sein.

Meine Zufriedenheit ist allerdings dahin, als kurze Zeit später mein Telefon klingelt. Blick auf den Wecker: halb acht. Wer auch immer das ist, er verdient nicht, dass mit ihm geredet wird. Um diese Uhrzeit geht man nicht ans Telefon. Da könnte ja jeder kommen. Der Anrufer aber scheint ein hartnäckiger Zeitgenosse zu sein, denn er lässt das Telefon sehr, sehr lange klingeln. Nö. Jetzt erst recht nicht. So weit kommt's noch, dass ich morgens um halb acht ans Telefon gehe. Das kann er gleich vergessen. Oder? Na ja. Vielleicht doch. Kann ja auch was Wichtiges sein. Ich nehme ab und murmle ein hochmotiviertes »Ja« in den Hörer.

»Tach, hier Flóra. Alles Gute zum Geburtstag!«

»Lass mich in Ruhe, ich hab noch keinen Kaffee getrunken.«

»Ich wollte dir nur pünktlich zum Geburtstag gratulieren.«

»Morgens um halb acht ist nicht pünktlich, sondern zu früh.«

»Aber du bist doch um halb acht geboren worden, nicht?«

»Ah! Flóra! Lass mich schlafen! Wir telefonieren später.«

Mag ja sein, dass ich tatsächlich vor vielen Jahren um diese Uhrzeit eine erstaunliche Aktivität an den Tag gelegt habe und so unwiderruflich dem Bauch meiner Mutter entkommen bin, aber diese Zeiten sind definitiv vorbei. Ich lasse mich wieder in mein Bett fallen, drehe mich einmal im Kreis und schlafe im nächsten Augenblick ein.

Als das Telefon mich zum zweiten Mal weckt, bin ich schon etwas versöhnlicher: Wer mag denn jetzt der Störer sein? Wolle mern roilasse? Ja, Mann, immer her mit den Gratulanten. Audienz eröffnet. Mein Opa ist am Apparat. Er wünscht mir alles Gute und gibt die aktuellen meteorologischen Daten durch. Aha. Leicht matschiger Schnee in Magdeburg also. Ist registriert.

Kaum aufgelegt, klingelt das Telefon schon wieder. Mein Bruder: »Ich muss dir was sagen.«

»Was denn?«

»Ich kann nicht.«

»Ja, sag's halt.«

»Her... Herz... Herzli... Nee, ich kann nicht.«

»Herrgott, spuck's aus. Das kann doch jetzt nicht so schwer sein.«

»Warte mal, ich hab's gleich. Herzli... Herzlich... Nee, ich bring's nicht über die Lippen.«

»Herzlichen Glückwunsch? Ist es das, was du sagen willst?«

»Ja, genau.«

»Geht klar. Sonst noch was?«

»Ja, hier liegt total viel Schnee.«

Gut zu wissen: total viel Schnee also in Esslingen.

Exakt fünf Minuten bleiben mir für den Gang ins Bad und das Öffnen einer Glückwunschkarte meiner Oma: »Wer lachen kann und fröhlich sein, der schätzt gewiss ein Gläschen Wein. Es gibt ihm Freude, Kraft und Schwung und hält ihn außerdem noch jung«, steht da drauf. Und meine Oma schrieb ergänzend dazu: »Beherzige das, was vorn auf der Karte steht, dann geht alles leichter.« Ach, Oma, wenn du wüsstest, wie sehr ich das beherzige. Du würdest dir glatt Sorgen um meine Gesundheit machen.

Nächster Anruf. Meine Eltern. Auch sie wünschen mir was und bringen mich auf den neuesten Stand, was das Wetter betrifft: Schnee auch in Dresden. Jetzt aber mal ab unter die Dusche.

Völlig durchnässt nehme ich das nächste Mal den Telefonhörer ab. Sushi aus Paris. Sie fragt mich, wie es sich beruflich so anlässt bei mir. »Ich glaube, ich muss mir keine Sorgen machen, solange die Zeitung nicht pleitegeht und ich mir kein Riesending leiste, wie jeden Tag erst um halb zwölf in der Redaktion zu erscheinen«, behaupte ich mal so und werfe dabei einen Blick auf die Uhr: elf. Also, unter Gunnar hätte es das aber nicht gegeben.

Doch mein einzig wahrer Mentor ist nicht mehr da. Außerdem habe ich Geburtstag, und wenn alles mit rechten Dingen zugehen würde, hätte ich heute einen freien Tag. Bevor wir das Gespräch beenden, gibt auch Sushi noch den Wetterfrosch: eisige Kälte, aber kein Schnee in Paris. Ich finde, das Wetterthema sollte bei Gelegenheit mal verboten werden.

Jetzt gehe ich aber wirklich nicht mehr ans Telefon, sondern direkt in die Redaktion. Man muss sein Schicksal ja nicht unnötig herausfordern. Auf dem Weg dahin erreichen mich per Mobiltelefon ein paar SMS und Anrufe, vor Ort dann persönliche Glückwünsche und vor allem: Túró Rudi! Yes. Nach weiteren Anrufen und dem Lesen meiner E-Mails fragt mich Zsuzsa, ob sie mich zum Mittagessen einladen dürfe. Diese ungarische Sitte weiß ich ja auch sehr zu schätzen: Zum Geburtstag laden einen alle anderen ein. Der Gefeierte selbst muss keinerlei Runden schmeißen. Sehr schön.

Nach dem Essen fragt mich Ági, ob es nicht Zeit sei für einen Geburtstagskaffee. Da sag ich nicht nein. Und plötzlich ist es halb fünf und ich habe noch keinen einzigen Finger krumm gemacht. Mein Über-Ich wird zum streng guckenden Mentor und ich setze mich endlich an die Tastatur, schreibe einer albernen Fotoausstellung eine höchst feuilletonistische Bedeutung zu und belohne mich zum Ausgleich mit dem Verriss eines Restaurants. Gemein sein macht Spaß.

Ähnlich fiese Gedanken haben wohl auch meine Nachbarn, als sich zwei Tage später fünfundzwanzig Menschen in meiner Wohnung stapeln und lautstark das Haus rocken – woraufhin jene Nachbarn an meiner Tür Sturm klingeln: »Wir sind gekommen, uns zu beschweren.« Ich selbst bin gerade auf dem Balkon zugange, irgendjemand anderes muss die Mitbewohner beruhigen.

»Danke, anonymer Friedensstifter«, stelle ich später ziellos in den Raum.

»Ich bin nicht anonym«, gibt Ági beleidigt zurück.

Diese Frau hat jetzt wirklich schon den zweiten Stein bei mir im Brett. Den ersten hat sie sich heute Abend mit einer Weintraubentorte verdient. Kürzlich habe ich ihr erzählt, dass meine Mutter mir früher immer so eine Torte zum Geburtstag gezaubert hat, was im Januar oft nicht einfach zu bewerkstelligen war. Und was macht Ági? Sie tut es meiner Mutter gleich! Diese Ungarn. Man könnte sie in einer Tour knutschen.

Den dritten Stein erarbeitet sich Ági unbeabsichtigt: Während sie sich auf Ungarisch mit einem Gast unterhält, mische ich mich ein – ebenfalls auf Ungarisch.

Und: Ági antwortet auf Ungarisch! Ich muss sie nur überrumpeln, wenn sie am wenigsten damit rechnet, dann redet sie ungarisch mit mir! Allerdings wacht sie bei meinem ersten Fehler aus ihrer Geistesstarre auf und sagt: »Was rede ich denn hier Ungarisch mit dir?«

Schade. Aber gut zu wissen: Wenn ich es eines Tages mal schaffe, eine halbe Stunde lang ungarisch mit ihr zu reden, ohne dass sie es merkt, habe ich den Beweis dafür, dass ich dieser Sprache halbwegs mächtig bin.

18. Dafür sind Mütter doch da

Familie wird in Ungarn groß geschrieben. Also, nicht wirklich. Eigentlich wird kaum ein Wort im Ungarischen groß geschrieben, aber die Familie als Institution, die scheint mir in diesem seltsamen Land doch eine sehr viel größere Bedeutung zu haben, als ich es aus meiner Heimat gewohnt bin.

Der durchschnittliche ungarische Lebenslauf sieht vor, dass man bei seinen Eltern aus- und direkt mit dem Partner zusammenzieht, um eine eigene Familie zu gründen. Und selbst dann ist es gang und gäbe, dass die Eltern an fast jedem Wochenende besucht werden, dass das ehemalige Kinderzimmer noch immer im Originalzustand darauf wartet, wiederbelebt zu werden, dass es bei jedem einzelnen Heimatbesuch ein wahres Festessen gibt und dass Mutti für ihre erwachsenen Sprösslinge regelmäßig die elektrische Waschmagd anschmeißt.

Mir ist das völlig fremd. Mein Kinderzimmer wurde direkt nach meinem Auszug in ein Büro umfunktioniert, als hätten meine Eltern nur darauf gewartet, dass ich mit meinen neunzehn Jahren endlich flügge werde. Und wenn ich gelegentlich mal zu Besuch kam, hieß es: »Wenn du Hunger hast, weißt du ja, wo der Kühlschrank ist.« Meine Kleidung haben meine Vorfahren zwar auch noch ein paar Monate lang gewaschen, aber nur, weil ich im Gegenzug die allwöchentliche Treppenhausreinigung für sie übernommen habe. Und ich fand das immer sehr in Ordnung so.

In Ungarn aber funktioniert das anders, was sich schon allein daran zeigt, dass viele Ortsansässige mich während der ersten drei Gesprächsminuten nach meinen Eltern zu fragen pflegen: wie oft ich sie besuche, ob ich sie nicht sehr vermisse, was sie zu meiner Flucht sagen, was sie beruflich machen und ob sie dabei gut verdienen.

Und weil ich als Quasi-Waise ein gar zu bemitleidenswertes Geschöpf zu sein scheine, nehmen mich Freunde am Sonntag manchmal mit zu ihren Eltern. Da sind sie wirklich sehr offen, die Ungarn. Bei Flóras Muddi zum Beispiel – die wirklich »Muddi« genannt wird – war ich schon öfter eingeladen. Und sie sieht mich überhaupt nicht als Fremdkörper an, sondern bewirtet mich jedes Mal mit einer Hingabe, dass ich schon ein schlechtes Gewissen entwickle.

Flóra geht das nicht so: »Ich hab Hunger. Wollen wir zu meiner Muddi gehen?«

»Ich kann doch nicht schon wieder bei deiner Mutter essen.«

»Klar. Wieso denn nicht?«

»Na weil … ich weiß nicht.«

»Ach komm, dafür sind Mütter doch da.«

»Aber sie ist deine Mutter, nicht meine.«

»Aber sie liebt dich.«

»Sie liebt mich?«

»Na ja, auf ungarische Weise.«

Der Ungar an sich benutzt kaum mal sein Wort für mögen, der liebt immer gleich alles und jeden. Deshalb muss ich mir keine Gedanken machen, wenn Flóras Mutter mich liebt. Das heißt nur, dass sie mich irgendwie ganz gut leiden kann.

Also überwinde ich meine Vorbehalte und gehe mit

Flóra zu ihrer Muddi. Dort fühle ich mich nämlich wirklich sehr wohl, was auch daran liegt, dass die Einrichtung und das Geschirr teilweise noch aus den Dresdner Tagen der Familie und damit aus der DDR stammen. »Das hatten wir auch!«, ist der meistgesagte Satz meinerseits, wenn ich in der Küche von Flóras Muddi sitze und von ihr angehalten werde, einen Gang nach dem anderen zu vertilgen.

Um mich irgendwie erkenntlich zu zeigen, übersetze ich Teile des deutschen Gesprächs immer mal wieder ins Ungarische. Während Flóra zum reizenden Schmusekätzchen mutiert, ihre Muddi alle zwei Minuten umarmt und nach dem ausgezeichneten Essen schließlich stolz verkündet: »Meine Mutter«, kontere ich eifrig mit einem »az anyád«, deine Mutter.

Schweigen im Wald. Beide sehen mich schockiert an. Dann bricht Flóra zusammen und krümmt sich in einem nicht enden wollenden Lachanfall.

Ich sehe irritiert ihre Mutter an. »Was denn?«

Diese ist über und über rot geworden, nestelt an einem Geschirrtuch rum und ringt sich schließlich zu einer Antwort durch.

»Weißt du, das sagt man so nicht. Das ist nicht schön.«

»Wieso?«

Flóra bekommt wieder ein bisschen Luft und nutzt diese, um mich mit tränenerstickter Stimme aufzuklären: »Az anyád heißt so viel wie: Fick deine Mutter!«

»Oh. Sorry. Das wusste ich nicht.«

19. Hahnhoden und Pálinka

Auch Ági hat sich in den Kopf gesetzt, mich mit zu ihren Eltern nach Pécs zu nehmen. Bei ihr klingt die Einladung natürlich ein bisschen schroffer: »Lysann, wir fahren aufs Land. Meine Eltern haben dich zum Essen eingeladen. Es gibt Hahn-Pörkölt.« Hahn-Pörkölt. Sehr interessant. Pörkölt ist ja das Gericht, das die Deutschen immer noch fälschlicherweise als Gulasch bezeichnen. Dabei ist Gulasch eine Suppe. Und Pörkölt ist das, was wir unter Gulasch verstehen. Mit Hahn hab ich das aber noch nie gegessen.

Die abstrakte Vorstellung, die ich als Großstadtkind mit dem Wort Hahn-Pörkölt verbinde, wird allerdings komplett zerstört, als Ági mir einen Tag vor unserem Ausflug zwei Fotos zeigt, die ihr Vater ihr per E-Mail hat zukommen lassen. Auf dem einen hält ihre Mutter einen richtigen echten Hahn im Würgegriff und lächelt ihm ins Gesicht. Das Tier ist schon tot, aber immer noch klar erkennbar ein Hahn – mit Äuglein, Kamm und Schnäbelchen. Nein! Man kann doch so ein Kukurikú-Tierchen nicht am Hals festhalten! Und dann auch noch kochen! Muss das denn sein? Muss sein, dachte sich wohl Ágis Vater und nannte das Foto: »Das Opfer des Wochenendes (rechts).«

Das zweite Bild zeigt ein großes Brett, auf dem das abgehackte Köpflein und die Flügelchen des Opfers liegen. »Ich wartete auf Lysann, das wurde mir zum Schicksal«, schrieb Ágis offenbar gut gelaunter Vater zu diesem Stillleben und auf Ungarisch reimt sich der Satz auch noch. Küchenpoesie. Ist wohl so üblich auf dem Land.

Dabei ist Pécs gar kein Dorf, sondern eine Stadt mit 160 000 Einwohnern und der ältesten Universität des Landes. In Ungarn aber gilt alles, was nicht Budapest ist, als Provinz. Das liegt daran, dass Ungarn sehr zentralistisch aufgebaut ist: Alle Wege führen in die Hauptstadt, und wenn irgendwas passiert, dann dort. Der Rest des Landes ist Peripherie.

Deshalb bezeichnen sich sogar die Debrecener, die immerhin in der zweitgrößten Stadt Ungarns leben, als »Ländler«, als Landbevölkerung also. Das meinen sie aber nicht abwertend, ganz im Gegenteil: Sie klopfen sich dabei auf die stolz geschwellte Brust. Aus Sicht der Ländler ist nämlich alles, was aus Budapest kommt, zutiefst beklagens- und verachtenswert: arrogantes Auftreten, unfreundliche Gepflogenheiten und ein völlig unverbindlicher Umgang mit Mitmenschen. Die Ländler sind partout nicht davon abzubringen, dass es wahre Liebe und soziale Wärme nur in der Provinz gibt.

Pécs liegt im Südwesten Ungarns, kurz vor der kroatischen Grenze und am Fuße der Mecsek-Berge. Das mediterrane Klima und die Architektur, die die Türken der Stadt hinterlassen haben, führen dazu, dass man sich hier am liebsten sofort in eins der vielen Straßencafés setzen und nie wieder aufstehen will.

Im Februar geht das aber leider selbst in Pécs noch nicht, weshalb Ági und ich nach einem Stadtrundgang gleich zu ihren Eltern fahren.

»Hallo, Lysann, wie geht's?«

»Gut.«

»Willst du einen Pálinka? Selbstgemacht.«

Bitte? Es ist vierzehn Uhr! Wer will denn um diese Uhrzeit Schnaps trinken? Ágis Vater ganz offenbar. Auf diese Familientradition hat Ági mich schon im Zug vorbereitet: »Wenn du dazugehören willst, trink mit.«

Also nehme ich an und würge tapfer den Pálinka runter. Der wird schon auch zu irgendwas gut sein. Als Vorbereitung auf das Hahn-Pörkölt zum Beispiel. Ich verdränge die wenig appetitanregenden Bilder in meinem Kopf und setze mich an den gedeckten Tisch. Alle anderen setzen sich ebenfalls und sehen mich an. Was ist denn jetzt schon wieder? Was erwarten die von mir? Muss ich was Weises sagen? Mich nochmals in aller Form für die Einladung bedanken? Mich für das flegelhafte Verhalten der Budapester entschuldigen? Hilfe!

Ich sehe Ági fragend an.

»Nimm dir«, sagt sie.

Ich soll mir nehmen? Als Erste? Und wenn ich kleckere? Ich greife nach der Kelle, tauche sie in die Suppe und schnappe mir den Teller des Hausherrn. Geht ja nicht, dass ich hier das Egoschwein gebe, das sich zuerst nimmt.

Das sieht die Tischgesellschaft aber anders. »Nein, nein, nimm *dir*!«, rufen sie im Chor.

Herrgott, die sind aber streng hier. Also schütte ich mir überraschenderweise völlig unfallfrei Suppe in den Teller.

Zsuzsa hat mir neulich beim Mittagessen erklärt, dass der Ungar an sich nicht redet, wenn er isst. Es gibt sogar ein Sprichwort zu dem Thema, das habe ich aber vergessen. Trotzdem passe ich mich an die Landesgepflogenheiten an und schiebe mir stumm den Löffel in den Mund. In Ágis Familie scheint das Sprichwort aber nicht zu gelten, weshalb ihre Eltern anfangen, mich auszufragen – auf Deutsch. Ja, auch in Ágis Familie wird sehr gut Deutsch gesprochen, was an ihren ungarndeutschen Wurzeln liegt, aber auch daran, dass ihr Vater vor der Wende drei Jahre lang bei Erfurt gelebt und gearbeitet hat.

Während ich mich mit Ágis Eltern über die Vergangenheit, Gegenwart und Zukunft unterhalte, kommt der große Topf mit dem Pörkölt auf den Tisch. Wieder soll ich mir zuerst nehmen. Jetzt aber bekomme ich von allen Seiten Empfehlungen, welche Stücke ich mir am besten rausfischen sollte. Mach ich. Ess ich. Schmeckt gut.

»Weißt du, was du gerade isst?«, fragt mich Ági.

»Nö. Was denn?«

»Also, das da sind die Füße, das ist das Herz, das das Gehirn und diese Kugel hier ist ein Hoden.«

Ach du Scheiße. Hoden. Herz. Hirn. Habe ich gerade wirklich Hahnhoden gegessen? O Gott.

»Kann ich vielleicht noch einen Pálinka bekommen, bitte?«

Ágis Vater sieht mich anerkennend an und schiebt mir ein gefülltes Schnapsglas hin, während ihre Mutter die Augen des Hahns aus dem Kopf schält und mit viel Genuss verspeist.

Später erzählt mir Ági, dass ihre Eltern mich lieben, also auf ungarische Weise lieben: »Wie du ohne mit der Wimper zu zucken den Hoden verputzt und den Pálinka runtergekippt hast, das hat sie schwer beeindruckt.«

Warum kann man den Ungarn an sich denn nicht einfach mit einer netten Konversation beeindrucken? Meinetwegen auch mit Komplimenten über sein Land? Müssen es denn unbedingt Hahnhoden und Schnaps sein? Was ist das nur für ein Land!

Später fahren Ági und ich in einen Studentenclub. Nach zwei Minuten wird Ági von einem Mann angesprochen, der seinen Kumpel vermitteln will. »Das hier ist Ernő. Der ist noch Jungfrau, sonst aber sehr nett.«

Auch abgesehen davon kann ich mich des Eindrucks nicht erwehren, dass die Anwesenden im Durchschnitt noch ein bisschen Reifezeit vertragen könnten.

»Ági, was ist denn das für ein Kindergarten hier? Wo sind all die gut aussehenden Studenten mit den intellektuellen Ansichten?«

»Das sind Studenten. In Ungarn studiert man maximal bis dreiundzwanzig. Und das gilt ganz besonders auf dem Land.«

Aha. Na dann: Time for Schnaps.

20. Die Busós machen fruchtbar

Der Sonntag beginnt so, wie der Samstag geendet hat: mit Schnaps. Ich schleiche zerknittert durch die Wohnung von Ágis Eltern und der erste Dialog, den ich führe, klingt so:

»Hallo, Lysann, wie geht's?«

»Gut.«

»Willst du einen Pálinka?«

»Äh, ich hab noch nicht mal gefrühstückt.«

»Na und? In Ungarn trinken viele Menschen vor dem Frühstück einen Pálinka. Ist gesund.«

»Ich weiß nicht.«

»Sag mal, zögerst du gerade?«

»Nee. Ja. Ach, egal. Her damit.«

Allmählich sollte ich mich mal nach einer Entzugsklinik umsehen. Aber so etwas gibt es in diesem Land garantiert nicht. Dabei gehören die Ungarn in jeder Statistik zum Thema Alkoholismus eindeutig zu den Gewinnern, was auch damit zusammenhängt, dass Bier und Wein hierzulande gar nicht als Alkohol, sondern als gewöhnliche Getränke gelten. Und alles nur wegen Trianon.

Nach dem reichhaltigen Frühstück fahren Ági und ich noch ein bisschen weiter gen kroatische Grenze, nach Mohács, wo Ági geboren wurde. Sie hasst die Stadt: »Hier ist alles trostlos und grau.«

Andere Ungarn verbinden mit Mohács eher zwei

Schlachten gegen die Türken: eine erfolglose 1526 und eine erfolgreiche 1687. Letztere ging laut der Legende folgendermaßen vonstatten: Die Männer der Stadt verkleideten sich mit Schafspelzen und furchterregenden Holzmasken, setzten von einer Donauinsel mit Booten und wildem Geschrei ans Festland über und jagten den Türken damit solch einen Schrecken ein, dass diese umgehend das Land verließen.

Und weil das solch ein durchschlagender Erfolg war, verkleiden sich die Mohácser noch heute jedes Jahr im Februar als Busó, mit Pelz und fieser Maske. Der Busójárás, der Gang der Busós, vereint aber noch mehr Anlässe in sich: An dem Tag werden auch der Karneval begraben, der Winter verabschiedet und die Fruchtbarkeit der Frauen erhöht. Zu diesem Zweck paddeln die schreienden Busós über die Donau, verfolgen an Land jede Frau im gebärfähigen Alter und umarmen sie. In besonderen Härtefällen bleibt es nicht bei einer Umarmung, dann wird aus Sicherheitsgründen gleich mal der Geschlechtsakt nachgestellt.

Diese Aktionen laufen recht freizügig ab, was mich schon nicht mehr schockieren kann: Nach meinem Eindruck verläuft die Schamgrenze der Ungarn weit unter dem deutschen Durchschnitt. Wild fummelnde und geräuschvoll knutschende Pärchen gehören zum Alltag ebenso dazu wie die männliche Hand, die sich besitzergreifend auf den Hintern der Partnerin legt und in manchen Fällen auch noch weiter vordringt. Dafür gehen die Ungarn aber im Badeanzug in die Sauna – da sind sie nun wieder sehr prüde.

Neben dem Fruchtbarkeitsritual wird beim Busójárás aber auch viel getanzt: auf Bühnen und öffentlichen Plätzen. Dazu muss man wissen, dass sich der ungarische Volkstanz – auch bei jungen Leuten – großer Beliebtheit erfreut. Um herauszufinden, warum das so ist, reihe ich mich auf dem Marktplatz in den Reigen ein. Dort tanzen etwa zweihundert Menschen Hand in Hand um ein riesiges Feuer herum. Eine Kapelle spielt ungarische Volksweisen und ein Vortänzer zeigt den Leuten, welcher Schritt gerade angesagt ist. Nachdem ich den Übergang vom Stolpern zum Tanzen irgendwie geschafft habe, kenne ich des Rätsels Lösung: Ungarischer Volkstanz wärmt auf.

21. Mit dem Fahrrad durch die Hölle

Man muss antizyklisch konsumieren, denke ich mir und sehe mich mitten im Winter nach einem Fahrrad um. Aber in Ungarn vergleicht man nicht die Angebote verschiedener Läden miteinander, sondern tut seine Wünsche öffentlich kund. Ich setze also alle mir bekannten Menschen davon in Kenntnis, dass ich ein Fahrrad zu kaufen gedenke. Dafür ernte ich wenig Verständnis. Nicht nur wegen der eisigen Temperaturen, sondern auch wegen der schlechten Überlebenschancen eines Radfahrers in Budapest.

Aber ich mache mir nichts draus und betreibe so lange Mundpropaganda, bis mir ein Angebot ins Haus flattert: Die Buchhalterin der Zeitung hat ein Fahrrad im Keller stehen: Es ist silbern, hört auf den Namen Favorit und wurde in der ehemaligen Tschechoslowakei geboren. Und sein Dynamo ist sogar made in GDR.

So weit, so gut. Kommen wir zum finanziellen Teil des Verkaufsgesprächs:

»Was willst du für das Rad haben?«

»Ich dachte so an fünftausend Forint.«

»Was? Das sind ja nur zwanzig Euro! Dann kriegst du aber noch 'ne Flasche Tokajerwein dazu!«

»Okay, abgemacht.«

Eine Stunde später taucht sie wieder an meinem Tisch auf und sagt: »Weißt du was? Vergiss das mit dem Geld. Gib mir nur den Tokajer.«

Kapitalismus in Reinform.

Nach dem Deal bin ich nicht nur um ein Fahrrad, sondern auch um eine Erkenntnis reicher: Ich hätte nie gedacht, dass ich Deutschland mal als fahrradfreundliches Land bezeichnen würde – bis ich nach Ungarn kam. Es ist ja nicht so, dass man in Deutschland wirklich als gleichberechtigter Verkehrsteilnehmer respektiert wird, wenn man fußbetrieben und auf zwei Rädern unterwegs ist, aber dort wird einem wenigstens eine Art von Existenzberechtigung eingeräumt. Hier nicht. Radfahrer sind im Weg und gehören ausgemerzt. Und im Namen dieser Mission handeln die Autofahrer auch. Sie hupen mich nicht nur an, wenn ich die Straßenverkehrsordnung ignoriere, sondern auch und vor allem dann, wenn ich sie befolge.

Ich fahre vorschriftsmäßig am rechten Rand der Straße, holpere durch jedes einzelne Schlagloch hindurch und nehme jede Pfütze mit, um den motorisierten Mitbürgern ja nicht in die Quere zu kommen – und die hupen immer noch. Damit meinen sie nicht etwa »Pass auf« oder »Mach mal keinen Scheiß hier«, sondern einfach: »Du störst, weg da.« Um ihrem Anliegen Nachdruck zu verleihen, fahren sie so dicht an mir vorbei, dass der Seitenspiegel fast mein linkes Knie streift. Und direkt nach solch einem unfairen Nahkampfangriff überprüfen sie auch noch neugierig im Rückspiegel, ob ich wohl noch auf meinem Favorit sitze oder schon in der Gosse liege.

Aber damit nicht genug. Es gibt noch eine Potenzierung des Budapester Autofahrers: den Budapester Taxifahrer. Der muss eine ziemlich schlimme Kindheit gehabt haben. Der Budapester Taxifahrer verbringt den lieben langen Tag damit, wüst zu schimpfen, zu hupen und abzudrängen. Er treibt mich wie Freiwild vor sich her, ascht in voller Fahrt aus dem Fenster und mir ins Gesicht oder reißt die Fahrertür seines parkenden Autos auf, wenn ich gerade mit Höchstgeschwindigkeit angerauscht komme. Und wenn er einen ganz schlechten Tag hat, dann greift er mir auch noch in den Lenker.

Das sieht dann so aus: Ich fahre gemütlich auf dem Großen Ring durch die Stadt und denke darüber nach, dass das ungarische Wort für Stau, dugó, praktischerweise auch für Korken und für Stöpsel verwendet wird. Ich radle also quasi auf einer verkorkten oder verstöpselten Straße entlang, links neben mir die wartenden Autos, rechts die parkenden und vor mir ein gehetzter Fahrradkurier. Dieser drängelt sich zwischen einem schief parkenden Taxi, das mit seinem Hinterteil die halbe Spur blockiert, und einem Stauteilnehmer durch und verursacht dabei einen kleinen Kratzer am Taxi. Taxifahrer steigt sofort aus, greift dem Kurier in den Lenker, hält ihn fest und brüllt ihm Flüche übelsten Ausmaßes ins Gesicht. Kurier grinst frech, reißt sich los und fährt weiter. Dann komm ich.

Aufgebrachter Taxifahrer greift auch mir in den Lenker, obwohl ich gar nicht frech grinse, und entlädt Hasstirade Teil zwei über mich. Ich sehe ihn verdutzt an.

Er (ich übersetze wortwörtlich): »Der da ist doch dein Freund! Fick dich!«

»Nee, das ist nicht mein Freund.«

»Natürlich! Fick dich! Du kennst den doch!«

»Nee, ich kenn den nicht.«

»Das interessiert mich nicht! In die Fotze!«

»Äh.«

»Du bleibst jetzt hier! Fick dich!«

»Nee, ich bleibe nicht hier.«

»In das Hurenleben! Dein Freund hat mein Auto zerkratzt!«

»Ich sag doch, das ist nicht mein Freund, ich kenn den nicht. Auf Wiedersehen.«

Er lässt mich widerwillig los und gibt mir noch ein letztes »Fick dich« mit auf den Weg. Vermutlich eine besonders schlimme Kindheit.

Nun würde ich ja angesichts dieser darwinistischen Zustände auf der Straße wirklich gern auf Fuß- oder noch viel lieber auf Radwege ausweichen. Aber Erstere ähneln einer Slalomstrecke mit mobilen Hindernissen und Letztere sind entweder nicht existent oder zugeparkt. Zudem ist kaum ein Bordstein abgesenkt, die meisten Treppen sind nicht mit Rampen ausgestattet und manchmal steht auf dem Fußweg auch schon mal völlig grundlos eine Sperre, die von einer Seite zur anderen reicht. Das alles wirft die Frage auf, wie eigentlich Rollstuhlfahrer oder Menschen mit Kinderwagen in dieser Stadt überleben können.

Fahrradfahren in Budapest ist also mit viel negativer Energie und der regelmäßigen Ausschüttung von Angsthormonen verbunden. An guten Tagen hilft Punkrock. An noch besseren Tagen fließt mir Swing aus dem Ohrhörer direkt in den Kopf, den Bauch und die Beine. Dann fahre ich mit einem milden Lächeln durch die Stadt und winke die Taxifahrer höflich nickend über die Kreuzung, die sowieso nicht vorhatten, mir meine Vorfahrt zu gewähren.

Und mit dieser Einstellung eröffnen sich auch die positiven Seiten des Radlerdaseins in Budapest: Bei Sonnenuntergang oder nachts über eine der vielen Donaubrücken zu fahren und dabei den Gellértberg und die Burg beziehungsweise das Parlament und die Basilika zu sehen, ist einfach unsagbar schön. Da geht einem das Herz auf. In solchen Momenten habe ich manchmal das Gefühl, in eine Filmszene hineingeraten zu sein, die irgendjemand nur für mich arrangiert hat.

22. Die Kunst der Inszenierung

In Budapest gibt es etliche Kaffeehäuser, die diese leicht antiquierte Bezeichnung noch verdient haben, die also nicht nüchtern-modern eingerichtet sind, sondern sich den Charme der Jahrhundertwende bewahrt haben – und wahrscheinlich seitdem auch nicht mehr renoviert worden sind. Und in diesen Etablissements kann man sehr absonderlichen Menschen begegnen. Menschen, die auf den Spuren all der subversiven Revolutionäre, hochsensiblen Dichter und stilvollen Bohemiens wandeln, die Ungarn im Laufe seiner Geschichte hervorgebracht hat.

Die wichtigste Voraussetzung für solch eine Begegnung ist die richtige Inszenierung der Situation. Das fängt mit der Atmosphäre des anvisierten Cafés an. Es muss – wie die Stadt und die Landesgeschichte – majestätisch und heruntergekommen zugleich sein, rotten beauty sozusagen, scheiße, aber stolz. Vertreter dieser Kategorie sind beispielsweise das »Művész« (Künstler) auf der Andrássy út oder das »Európa« in der Nähe der Margaretenbrücke auf dem Großen Ring.

Die Wände in diesen Etablissements sind mit vergilbten Stofftapeten und schiefen Kerzenleuchtern verziert, nicht mit grellgelber Farbe und Schwarz-Weiß-Fotos von New York. Als Sitzgelegenheiten dienen leicht fleckige Polstersessel im Biedermeier-Stil, keine rundgelutschten Ikea-Hocker. Wenn man hier einen Milchkaffee bestellt, bekommt man keinen Latte macchiato in einem hip geformten Glas, sondern eine weiße Porzellantasse mit kleinen Sprüngen, in der einfach nur Kaffee und Milch sind. Und statt gesunder Fitness-Salate gibt es hier ein Tortenangebot, das fast die Vitrine sprengt.

Wichtig für die Inszenierung ist außerdem das eigene Erscheinungsbild, das sich möglichst harmonisch in die Umgebung einfügen sollte. Geübte Exilanten, will heißen: alte Hasen im Assimilationsgeschäft, kennen sich natürlich bestens aus in diesen Dingen, weshalb sie zu solchen Gelegenheiten ganz in existentialistisches Schwarz und möglichst exzentrisch gekleidet sind.

Die Haare sollten so ungeordnet wie möglich vom Kopf abstehen und damit auf einen kreativen Geist schließen lassen. Brille macht sich auch immer gut, sollte aber ab und zu mal in einer genau einstudierten Geste und ausdrücklich nebenbei von der Nase genommen werden, woraufhin man dann gern gedankenverloren mit dem Gestell spielen darf, indem man es zum Beispiel langsam durch die Luft kreisen lässt.

Auch die Mimik sollte man nicht unterschätzen: Eine Mischung aus Weltschmerz, Nachdenklichkeit und Selbstvergessenheit muss sich im Gesicht widerspiegeln. Der Blick sollte niemals starr auf einen Punkt gerichtet sein, sondern immer in die Ferne schweifen zu einem unsichtbaren Horizont, wo ganz offensichtlich die Lösung aller philosophischen Probleme darauf wartet, erkannt und aufs Papier gebracht zu werden. Diesen Gesichtsausdruck kann man ruhig vorher mal vorm Spiegel üben.

Und auch die Utensilien, die man vor sich auf dem kleinen Tisch ausbreitet, tragen zur gelungenen Inszenierung bei: Da muss natürlich die obligatorische Kaffeetasse stehen (Torte ist streng verboten, wir sind schließlich Kaffeehausliteraten, keine Klatschtanten), des Weiteren schwergewichtige Bücher, intellektuell anspruchsvolle Zeitungen und ganz zwingend: edles Briefpapier nebst altertümlichem Füller.

Wenn man dergestalt ausgestattet im Kaffeehaus sitzt und weltfremd vor sich hinsinniert, schleichen sich nicht nur komische Begriffe wie »dergestalt« in den eigenen Wortschatz, man lernt, wie erwähnt, auch sehr merkwürdige Menschen kennen, die sich im besten Fall von dieser perfekt inszenierten Aura angezogen fühlen. Im besten Fall.

Im schlechtesten Fall lassen sie sich gar nicht irritieren durch das Image, das man mühevoll aufzubauen versucht. Das sind dann klassischerweise zwei junge Herren, die sich nachmittags um drei schon nicht mehr daran erinnern können, wie viele Biere sie heute bereits getrunken haben. Allein die Tatsache, dass man als einsame Philosophin selbstverständlich allein an einem Tisch sitzt, verstehen sie als Einladung, sich dazuzusetzen und einen leicht gelallten Smalltalk über die beste Biersorte der Welt und die Abgründe der ungarischen Politik zu beginnen. Sicher, man kann dabei viel über die ungarische Seele lernen, aber die geistige Stimulanz lässt doch ein wenig zu wünschen übrig.

Man kann aber auch Glück haben und ein älterer Herr beugt sich mit der ehrfurchtsvoll vorgetragenen Frage vom Nachbartisch herüber, ob man Fotografin sei. Das setzt natürlich voraus, dass das sorgfältig zusammengestellte Stillleben auf dem Kaffeehaustisch um eine möglichst imposante Kamera erweitert wurde. Und weil man mit der richtigen Inszenierung alles und jeder sein darf, kann die Antwort ruhig lauten: »Ja. Ich fotografiere das Leben.« Ganz unabhängig davon, ob einem der Unterschied zwischen Brennweite und Belichtungszeit geläufig oder völlig schleierhaft ist.

Und weil man eben Glück hat, glaubt der ältere Herr die dreiste Lüge, setzt sich zu einem an den Tisch und erzählt aus seinem Leben: dass er Grieche ist, lange Jahre Journalist war und Menschen wie Michail Gorbatschow und André Heller interviewt hat. Dass er in Deutschland und in Ungarn gelebt hat und inzwischen bei der griechischen Botschaft in Zagreb arbeitet.

Allerdings gilt es, gut aufzupassen: Der eigene Mund sollte während des hochinteressanten Gesprächs über Philosophie und Etymologie nicht offen stehen bleiben, sondern man sollte auch weiterhin intellektuell gelangweilt aussehen, wissend nicken und gelegentlich mal eine altkluge Weisheit von sich geben. Im allerbesten Fall bezahlt der ältere Herr zum Schluss auch noch die gesamte Rechnung und lädt einen nach Zagreb ein. Das dürfte dann wohl schon unter Mäzenatentum zählen. Mit der richtigen Inszenierung braucht es also vielleicht irgendwann gar keinen bezahlten Job mehr. Und dann kann man sich voll und ganz dem Dasein als Kaffeehausliterat widmen.

23. In Szeged ticken die Uhren anders

Es gibt noch ein ungarisches Wort, das mir vor meinem Umzug in dieses Land bekannt war: Szeged. So hieß ein ungarisches Restaurant in Dresden. Ich kann mich nicht erinnern, jemals dort gegessen zu haben, aber daran vorbeigefahren bin ich oft und jedes Mal habe ich mir Gedanken darüber gemacht, dass die Ungarn eigentlich das konsequentere Alphabet haben: Die schreiben nämlich auch sz, wenn sie sz meinen – und nicht wie die Deutschen so ein komisch verschnörkeltes ß.

Dasselbe gilt für die Betonung: Der Ungar betont bei jedem Wort die erste Silbe. Immer. Ganz einfach eigentlich. Meiner Mutter aber ist diese Erkenntnis wohl lange Zeit verborgen geblieben, denn vor jedem unserer drei Ungarnurlaube entwickelte sie eine neue Theorie, wie der Name ihrer Brieffreundin Ildikó korrekt zu betonen ist, und ließ keine Gelegenheit aus, uns ihre jeweilige These einzuschärfen.

Ildikó war Kinderärztin, ihr Mann Dezső Ladenbesitzer und im Nebenberuf Kunstberater. Sie besaßen eine schnieke große Altbauwohnung in der Budapester Innenstadt, die vollgestellt war mit wertvollen Antiquitäten, des Weiteren ein Haus am Balaton, einen Mercedes und einen Škoda. Die beiden Töchter Klaudia und Szilvia hatten Spielzeug, von dem mein Bruder und ich nur träumen konnten. Und das Unvorstellbarste: Den Haushalt schmissen zwei Angestellte!

Erst viel später ist mir aufgegangen, dass die meisten ungarischen Familien nicht über solch einen bourgeoisen Luxus verfügten, dass mein Eindruck also keineswegs repräsentativ war.

Dafür wusste ich aber sofort, wie man den Namen richtig betont, als mir in der Redaktion meine damalige Kollegin Ildikó vorgestellt wurde. Inzwischen ist auch Ildi gegangen worden. Jetzt arbeitet sie bei den Budapester Stromwerken und unterrichtet nebenbei Szegeder Studenten im Dolmetschen. Und damit diese einen authentischeren Eindruck vom Deutschen an sich bekommen als ich damals von den Ungarn, hat Ildi mich eingeladen, sie nach Szeged zu begleiten. Da sag ich nicht nein. Deutsch sein kann ich.

Szeged liegt im Südosten Ungarns, an der Grenze zu Serbien und Rumänien. Für den Weg durch die Puszta nehmen wir den Zug, der zwar keinerlei Komfort- und Hygieneansprüchen gerecht wird, dafür aber billig und manchmal sogar noch billiger ist: Es kommt schon mal vor, dass der Schaffner im Zug fragt, ob man für seine soeben erstandene Fahrkarte eine Quittung braucht. Diese Frage gilt es stets mit nein zu beantworten. Dann nämlich senkt sich der Ticketpreis noch einmal um die Hälfte.

In Szeged angekommen, treffen wir Ildis Studenten, die zu Übungszwecken eine ungarische Stadtführung vorbereitet haben, die sie abwechselnd simultan ins Deutsche übersetzen. Zu diesem Zweck stellt sich jeweils ein Student neben mir auf, flüstert mir die Informationen ins Ohr und löst damit bei mir ein Gefühl aus, als ob ich ein gar wichtigpopichtiger Diplomat wäre. Außerdem lerne ich so gleich die interessantesten Seiten der Stadt kennen.

Zum Beispiel die Geschichte von der Freilichtbühne: Die Szegeder veranstalten nämlich jedes Jahr im Sommer ein Festival auf ihrem Domplatz. Irgendwann haben sie sich bei den Vorbereitungen wohl ein bisschen verrechnet oder sie haben verschlafen oder sie waren einfach wie immer zu spät dran. Jedenfalls war nicht mehr genug Zeit, um die Bühne vorschriftsmäßig zusammenzuschrauben. Also dachten sich die Szegeder: Gut, dann eben mit Gewalt. Sie hämmerten die Schrauben kurzerhand ins Gestell und schweißten den Rest irgendwie zusammen, sodass die Bühne nach dem Festival nicht mehr auseinandergenommen werden konnte und in den Jahren danach auf dem Domplatz vor sich hinrostete. Aber who cares. Hauptsache, Plan erfüllt.

Außerdem ist Szeged wohl die Stadt, in der die Uhren anders ticken. Zuerst denke ich: Noch anderser als in Ungarn sowieso schon? Aber dann werde ich eines Besseren belehrt. In Szeged ist das nämlich so: Man setzt sich in eine der vielen Konditoreien, bestellt ein großes Stück fettige Torte und merkt nach dem Genuss, dass gerade zwei Stunden vergangen sind. Aus diesem Grund müssen ein paar andere Essenswürdigkeiten leider ausfallen, namentlich der Szegediner Gulasch und die Pick-Salami, die auch in dieser Stadt hergestellt wird. Aber beides bekommt man ja schließlich auch jederzeit in Budapest.

Am nächsten Tag werde ich erneut ein Opfer des ungarischen Charmes: Einer der Studenten überreicht Ildi und mir Blumen und gratuliert uns zum Frauentag. Als ich zögernd einwende, dass aber erst der 7. und noch nicht der 8. März sei, sagt der junge Mann doch tatsächlich: »Ja, aber morgen sehen wir uns aller Wahrscheinlichkeit nach nicht. Was ich übrigens sehr bedaure.« Die Ungarn müssen alle ein Charme-Gen in sich tragen. Ihre Komplimente sind selten aufdringlich, verbraucht oder oberflächlich, sondern in den allermeisten Fällen genau richtig dosiert.

Nicht umsonst benutzen die Ungarn noch immer die altmodische Vokabel »hofieren«, wenn sie eine Frau angraben. Die überwiegende Mehrheit der männlichen Exemplare sind nämlich wirklich Gentlemen der alten Schule, die sich wie zu Zeiten der Österreichisch-Ungarischen Monarchie aufführen: Frauen wird bei der Begrüßung die Hand geküsst – in erster Linie verbal, aber schon auch gelegentlich in die Tat umgesetzt. Außerdem hilft der Ungar einer Frau gern in den Mantel und öffnet ihr zuvorkommend die Tür. Letztere Sitte war für mich zu Beginn oft mit einem regelrechten Gerangel verbunden: Ich greife automatisch nach der Türklinke, werde aber kurz vor dem Ziel ausgebremst, abgedrängt und überholt: »Bitte sehr, die Dame.«

»Äh, ja, vielen Dank.«

Und auch besagter Frauentag, der in Westeuropa eher hochgezogene Augenbrauen und unwissendes Schulterzucken auslöst, wird hier ordentlich gefeiert: Mitglieder des weiblichen Geschlechts bekommen von allen Seiten Blumen – die sie dann aber wahrscheinlich schön neben der Herdplatte oder der Klobürste arrangieren dürfen, weil sie sich dort nämlich am häufigsten aufhalten. Der Zusammenhang zwischen dem Maß, in dem der Frauentag gefeiert wird, und dem Stand der Emanzipation gehört eigentlich auch mal wissenschaftlich untersucht.

Den Unterschied zwischen ost- und westeuropäischen Vorstellungen von den Aufgaben einer Frau erfährt Flóra gerade am eigenen Leib: Nachdem sie sich von ihrem ungarischen Freund Sándor getrennt hat, gewährt sie nun einem Österreicher namens Stefan Einlass in ihr Herz und ihr alltägliches Leben.

»Aber der ist doch ein Habsburger!«, gab ich noch zu bedenken. Flóra hat das allerdings nicht davon abgehalten, sich näher mit ihm auseinanderzusetzen und dabei umwälzende Erkenntnisse über die Fähigkeiten des Mannes an sich zu gewinnen:

»Stell dir vor, Stefan schmiert sich morgens seine Stullen selbst!«

»Ja, Flóra, auch Männer können Stullen schmieren.«

»Aber Stefan kocht sogar! Und spült danach das Geschirr! Und das Größte: Er wäscht auch seine Wäsche selbst! Stell dir das mal vor: Er wäscht seine Wäsche!«

»Unglaublich.«

Dass Flóra dermaßen außer sich ist, erklärt sich durch ihre Erfahrungen mit Sándor. Bei den beiden waren die Aufgaben immer klar verteilt: Sándor bohrt die Löcher in die Wand, Flóra macht den Rest. Dummerweise brauchte Sándor Monate, bevor er sich endlich dazu überwinden konnte, ein Regal in der Küche anzubringen. Flóra war dagegen minütlich gefragt. Und das ging so: Flóra und ich kommen zur Wohnungstür rein. Aus Sándors Zimmer meldet sich eine Stimme: »Gut, dass du da bist. Ich hab Durst.« Umgehend setzt Flóra den Teekessel auf. Auf meine Frage, was passiert wäre, wenn wir erst in zwei Stunden aufgetaucht wären, antwortet Flóra todernst: »Dann wäre er verdurstet.« Flóra ist tatsächlich noch immer davon überzeugt, dass Sándor ohne sie verhungert, verdurstet und verdreckt wäre.

Umso entrückter wird ihr Gesichtsausdruck jetzt, wenn sie von Stefan erzählt. Und dieser Österreicher hat es nicht nur geschafft, Flóra über die vollständige Palette männlicher Begabungen in Kenntnis zu setzen, nein, es kommt noch besser: Flóra stößt inzwischen mit Bier an. Sie stößt mit Bier an! Mit einem Habsburger! Mit Bier! Und sie erdet ihr Glas danach nicht etwa, nein, nein, sie setzt es einfach an und trinkt! Und das alles am 15. März, dem Nationalfeiertag zum Gedenken an die Ungarische Revolution gegen die Habsburger! Ist denn das zu glauben?

Einmal allerdings war sie echt sauer auf Stefan – am Frauentag, den er ignorierte, während sie Blumen erwartet hatte. Ansonsten aber klappt es mit der österreichisch-ungarischen Freundschaft sehr gut. Vielleicht sollte man ab sofort alle verfeindeten Staatschefs so lange in einen Raum sperren, bis sie sich gegenseitig Schmeicheleien ins Ohr säuseln. Das mag in vielen Fällen mit einer gewissen ästhetischen Zumutung verbunden sein. Aber sicher ist: Die Welt wäre ein friedlicherer Ort.

24. Die Ungarn kommen aus dem Weltall

»Ich zeig dir das wahre Ungarn«, meint Zsuzsa eines Tages zu mir und lädt mich ein zur Lesung eines so genannten Ur-Ungarns.

»Was ist ein Ur-Ungar?«

»Ein echter Ungar.«

»Den muss ich sehen.«

Das Thema hatte ich neulich mit Flóra schon mal: echte Ungarn. Die sind nämlich in erster Linie echte Mangelware, wenn nicht sogar schon komplett ausgestorben. Umso lustiger ist die Tatsache, dass die Ungarn in dem Zusammenhang gern das deutsche Wort »echt« verwenden statt ihr eigenes Pendant »igazi«. »Echte magyar vagyok« – ich bin ein echter Ungar. Na dann.

Jeder Magyare mit einem Mindestmaß an Geschichtskenntnissen würde nicht auf den Gedanken kommen, sich selbst als »echt« zu bezeichnen. Dafür sind im Laufe der Jahrhunderte viel zu viele Volksgruppen in dieses Land gewandert und geblieben. Meine Lieblingsdurchschnittsungarin Flóra zum Beispiel kann in ihrem Stammbaum auf ein ganzes Arsenal an Völkern verweisen: Allein ihr Nachname Germán deutet nicht gerade auf ein ungarisches Echtheitszertifikat hin. Hinzu kommt ein Ururopa aus dem heute österreichischen Burgenland, einer aus dem inzwischen rumänischen Transsilvanien, eine Uroma mit dem polnischen Namen Kaminszky und eine Oma namens Dira, was wohl auch einer slawischen Sprache entstammt und Loch bedeutet.

»Aber mein einer Ururopa, also der aus Transsilvanien, der war Erfinder!«, versucht Flóra immer, ihre Familienehre hochzuhalten. Hätte es damals schon den Nobelpreis gegeben, ihr Ururopa hätte ihn bestimmt bekommen. Glaubt Flóra. Neben ihrer Nobelpreismanie pflegen die Ungarn übrigens auch die Vorstellung, dass alle weltbewegenden Erfindungen und Entdeckungen dem Hirn eines Magyaren entsprungen sind. In dem Zusammenhang verweisen sie dann gern auf das Vitamin C, den Kugelschreiber, das Hologramm – und die Atombombe. In Vergessenheit gerät bei dieser Aufzählung allerdings immer die Erfindung vom echten Ungarn.

Zsuzsa jedenfalls glaubt fest daran, dass es den echten Ur-Ungarn gibt. Und sie glaubt noch viel mehr: dass das Herz der Welt mitten in Ungarn schlägt zum Beispiel, in einem Berg namens Dobogókő, schlagender Stein, der nördlich von Budapest im Donauknie liegt.

»Das Herz der Welt?« Mich überkommt Skepsis.

»Ja! Das hat der Dalai Lama gesagt!«

»Zsuzsa, der Dalai Lama sagt manchmal so Sachen.«

Ihre empörte Reaktion geht unter, denn wir erreichen den kleinen Buchladen, wo der echte Ur-Ungar sich die Ehre geben wird. An den Wänden des Ladens hängen nicht nur ungarische Flaggen in allen Ausführungen, sondern auch massenhaft historische Landkarten von Ungarn vor dem Vertrag von Trianon.

»Guck mal, Lysann. Ungarn war mal dreimal so groß wie heute.«

»Ich weiß.«

»Du weißt das?«

»Es nicht schwer, das zu erfahren in diesem Land.«

»Wirklich? Aber hier, hier war unser Zugang zum Meer! Siehst du?«

»Tja, schade, nun habt ihr kein Meer mehr, nur noch den Balaton.«

»Der Plattensee ist das ungarische Meer.«

Und das ist keine Erfindung von Zsuzsa: Die Ungarn bezeichnen ihren flachen Süßwassersee wirklich allen Ernstes als ungarisches Meer. Größenwahnsinnig, allesamt.

Schließlich betritt der Ur-Ungar mit langem geflochtenem Haar und ganz in Weiß gekleidet die kleine Bühne, musiziert auf traditionellen Instrumenten, singt und rezitiert Gedichte. Klingt alles sehr schön, allerdings verstehe ich auch kaum was vom Text.

»Was singt der da?«

»Die ungarische Erde wird nicht verkauft.«

»Die ungarische Erde wird nicht verkauft?«

»Ja.«

»Was soll das denn heißen?«

»Dass wir stolz auf unser Land sind.«

»Alles klar.«

»Alles klar, wunderbar, du bist da.«

Mein Gott, die Konversation mit Zsuzsa führt manchmal wirklich auf recht seltsame Pfade.

Nach der Einführung in die ur-ungarische Kultur frage ich sie: »Sag mal, würdest du dich eigentlich als nationalistisch bezeichnen?«

»Natürlich. Ich bin stolz darauf, Ungarin zu sein.«

»Wie kannst du denn darauf stolz sein? Das ist doch nicht dein Verdienst.«

»Was ist ein Verdienst?«

»Kommt von verdienen. Du hast nicht dafür gearbeitet, Ungarin zu sein. Das war nicht mal deine Entscheidung.«

»Na und?«

»Versteh ich nicht, wie du darauf stolz sein kannst.«

»Weil du keine Ungarin bist. Komm, wir gehen zu dem Ur-Ungarn und du kannst ihn alles fragen.«

Ich will nicht mit einem Mann reden, der alberne Zöpfe trägt und offenbar auf einer Zeitreise in die Vergangenheit hängen geblieben ist. Also verdrücke ich mich lieber auf die Toilette. Als ich wiederkomme, empfängt mich Zsuzsa mit zwei Postkarten: eine mit einer Abbildung von Großungarn und eine mit dem Text der ungarischen Nationalhymne.

»Die musst du lernen, wenn du eine echte Ungarin werden willst.«

»Ich will aber gar keine Ungarin werden.«

»Aber du magst doch Ungarn?«

»Ja, aber …«

»Dann musst du unsere Hymne singen können.«

Umwerfende Logik.

Wir verlassen den Buchladen und spazieren durch die nächtliche Stadt. Unterwegs erzählt mir Zsuzsa eine ur-ungarische Sage nach der anderen. Eine hat mit einem wundersamen Hirsch zu tun, eine andere mit einem Fantasievogel namens Turul. Und als sei das alles noch nicht verwirrend genug, trumpft sie zum Schluss auch noch mit der These auf, die Ungarn seien aus dem All gekommen. »Direkt von der Milchstraße auf die Erde«, sagt sie. Das erklärt allerdings einiges.

Inzwischen stehen wir auf dem spektakulären Heldenplatz, der das Ende der Andrássy út bildet. Seitlich grenzen das Museum der Bildenden Künste und die Kunsthalle an, dahinter beginnt der Stadtpark und in der Mitte dieser riesigen Fläche stehen neben anderen bedeutenden Ungarn die Statuen der sieben Führer.

»Die sieben Führer haben Ungarn erfunden«, erklärt Zsuzsa.

»Die sieben Führer haben Ungarn *ge*funden«, korrigiere ich sie.

Tatsächlich sollen im Jahr 896 sieben Stämme aus dem Westen über den Ural ins Karpatenbecken gekommen sein und das Land besetzt haben. Die Ungarn sagen aber nicht Besetzung dazu, sondern Landnahme. Und zum tausendsten Jahrestag dieser Landnahme schenkten sie sich 1896 den Heldenplatz, die Freiheitsbrücke, die Fischerbastei im Burgviertel und eine Märchenburg im Stadtpark, die so ziemlich jeden damals verfügbaren Baustil in sich vereint.

Zsuzsa und ich setzen uns unter die Nüstern des Pferdes von Großfürst Árpád und sehen auf die beleuchtete Andrássy út hinunter.

»Wie war die Reise?«, fragt Zsuzsa.

Ich sehe sie irritiert an.

»Danke, gut. Nur anstrengend«, gibt sie sich selbst die Antwort. Dieser Dialog sei der erste gewesen, den sie in der Schule auf Deutsch gelernt hat.

Ich muss lachen und versuche, mich an den ersten russischen Dialog zu erinnern, den ich gelernt habe. Leider haben wir uns in der Schule kaum mit der russischen Alltagssprache auseinandergesetzt, sondern vor allem mit Kurzvorträgen über unsere schöne Heimatstadt und unseren sozialistischen Arbeiter- und Bauernstaat. Also singe ich Zsuzsa ein russisches Volkslied vor. Und sie singt mit.

Während ich unweigerlich an die Hühneraugenpflaster meiner Russisch-Lehrerin denken muss, merke ich, dass Zsuzsa mich von der Seite ansieht. Ich drehe mich zu ihr hin und blicke sie fragend an. Sie schweigt und sieht mir tief in die Augen. Was ist das denn jetzt hier?

»Warum guckst du denn so?«

»Ich bin Fotogräfin, ich muss gucken.«

»Du bist keine Fotogräfin, sondern Fotografin. Gräfin ist ein Adelstitel.«

»Ich weiß, aber ich bin Fotogräfin. Das Wort ist meine Erfindung.«

»Aha, und was siehst du so in meinen Augen?«

»Dass du lieb bist.«

Irgendwie kann man Zsuzsa einfach überhaupt gar nichts übelnehmen. Nicht mal ihren komischen Nationalismus.

25. Nein, wie goldig du bist

Nach fünf Monaten im Land wird es höchste Zeit für einen Friseurbesuch, sonst wächst mir die Wolle auch noch den letzten Blickfeldrest zu. Bei Hunden mag das lustig aussehen, vor allem beim Puli, einer ungarischen Hunderasse, dessen Fell-Dreadlocks die gesamte Augenpartie verdecken. Aber ich bin immerhin eine vielversprechende Nachwuchsjournalistin, die den Durchblick haben sollte – zumindest wäre es nicht schlecht, wenigstens so auszusehen. Also erkundige ich mich bei Zsuzsa nach einem Friseur und lande nicht etwa in einem großen Salon, wo vielleicht irgendjemand Deutsch oder Englisch spricht, sondern in einem unauffälligen Kellergeschäft.

Ich stolpere die Treppe runter, falle mit der Tür ins Haus und lande in einem zehn Quadratmeter großen Laden, wo sich gleich drei Damen gegenseitig auf die Füße treten. Allesamt sind sie sowohl mit einem bunten Nylon-Kittel aus düsteren Ostzeiten als auch mit Lockenwicklern ausgestattet und bilden damit die perfekte Personalunion aus Friseurin und Kundin. Jetzt weiß ich auch nicht. Wer ist denn hier für Neuzugänge zuständig? Wer gehört zur Zunft und wer ist nur eine Freundin des Hauses, die nichts Besseres zu tun hat, als die ohnehin spärliche Luft wegzuatmen?

Die Entscheidung wird mir abgenommen. Eine der drei Frauen kommt auf mich zu und stellt sich namentlich vor. Brigitta heißt sie und sie duzt mich. Das überrascht mich nicht weiter. Dass Leute, die gut und gerne zwanzig Jahre älter sind als ich, sofort beim Du landen und mich beim Vornamen nennen, habe ich schon öfter erlebt. Erst ab dem Seniorenalter wird es kompliziert: Dann muss man die Leute wie verrückt siezen, auf dem Land teilweise sogar noch die eigenen Eltern. Und die Ungarn verfügen über schätzungsweise tausend verschiedene Varianten des Grüßens und Siezens älteren Zeitgenossen gegenüber.

Brigitta jedenfalls ist ganz offensichtlich meine Ansprechpartnerin und deshalb erkläre ich ihr: »Ich hätte gern ...«, krame in meiner Tasche, hole Zsuzsas Zettel hervor und setze fort: »... Haare waschen und schneiden bitte.«

Brigitta freut sich über mein Begehr, bittet mich um ein bisschen Geduld und legt mir solange schon mal etliche abgegriffene Fachzeitschriften mit Frisuren hin. Ach herrje. Haarschnitte aus dem vergangenen Jahrhundert und ich soll mir einen aussuchen. Na schön. Nach zehn Minuten bin ich an der Reihe. Sie fragt mich, ob ich mich schon für eine Frisur entschieden habe, und ich antworte: »Ja, für drei Frisuren.«

Von dem Moment an hält Brigitta mich für goldig, was sie mir auch sofort auf die Nase binden muss: »Jaj, de aranyos vagy.« Aber damit nicht genug. Jeden weiteren Satz, jede Bemerkung, jeden Mucks von mir kommentiert sie von nun an mit dem entzückten Ausruf: »Was bist du goldig!« Das hört sich dann ungefähr so an:

»So, was machen wir denn hier hinten?«

»Weiß ich nicht. Du bist doch die Friseurin.«

»Nein, wie goldig du bist!«

»Äh. Ja.«

»Und was hältst du von roten Haaren?«

»Hilfe! Nein! Braun ist schon ganz gut.«

»Haha, nein, was bist du goldig!«

»Ja, goldig, ich bin sehr goldig.«

»Ach! Ich weiß! Ich schneide dir die Meg-Ryan-Frisur!«

»Die was?«

»Meg Ryan! Kennst du nicht?«

»Nee, was ist das?«

»Nicht was! Wer! Meg Ryan!«

»Ach, Meg Ryan! Nee, die ist blöde.«

»Ha! Sie hat blöde gesagt! Sie ist so goldig!«

Herrgott, sind wir denn hier im Zoo, oder was? Mag ja sein, dass die Frau nicht so oft mit Ausländern zu tun hat und dass sie sich über meinen Akzent und die vielen Fehler kaputtlachen könnte, aber das muss sie ihrer potenziellen Stammkundin ja nicht unbedingt gleich so deutlich zeigen. Ich sehe zwar mit dem Umhang aus original sozialistischer Produktion und dem nassen Wust aus Haaren gerade nicht danach aus, habe aber schließlich trotzdem auch eine Menschenwürde.

Das sieht Brigitta jedoch anders, weshalb sie zweimal mit dem Kamm in meinem Ohrring hängen bleibt, ihn schließlich erfolgreich rausreißt und zu guter Letzt auch noch mit der Schere meinen Hals malträtiert. Auf meine theatralischen Hilferufe reagiert sie nicht etwa mit einer Entschuldigung, sondern mit einem lässig hingeworfenen »Nem gond« – um direkt im Anschluss noch mal festzustellen, wie goldig sie ihr exotisches Opfer findet.

Ihr Folterwerkzeug ist übrigens auch sehr ostalgisch und sie verstaut es in einem Plastikkorb, der genauso aussieht wie der, in dem meine Eltern früher das Essbesteck aufbewahrt haben. Sogar das Waschbecken, eine blaue Plastikwanne, erinnert mich an Friseurbesuche in meiner Kindheit. Fehlt eigentlich bloß noch, dass sie meinen Kopf nach Läusen absucht. Aber das unterlässt sie. Dafür zupfen irgendwann auch die anderen beiden Frauen an meinem Kopf rum, erzählen mir was von »viele Haare« und von »sehr sehr goldig«.

Wer von den beiden nun angestellt und wer Kundin ist, entzieht sich immer noch meiner Kenntnis. Kann durchaus sein, dass alle drei Damen Friseurinnen sind und sich vor lauter Langeweile gegenseitig die Haare eingedreht haben. Das würde mich nicht weiter wundern, denn die Arbeitskraft ist in Ungarn so billig, dass ich schon öfters mit völlig absurden Jobs konfrontiert wurde.

Das Skála am Westbahnhof zum Beispiel war früher das größte Kaufhaus in Budapest, in dem man schon vor der Wende westliche Produkte bekam. Seit aber direkt um die Ecke das riesige WestEnd City Center mit Hunderten Geschäften entstanden ist, steht das Skála leer. Trotzdem kommen auf jeden einsamen Kunden schätzungsweise fünf gähnende Verkäuferinnen, mit denen man Gespräche wie das folgende führen kann:

»Entschuldigen Sie bitte, haben Sie CDs?«

»Was ist das denn?«

»Äh, so ein rundes Spiegeldings, auf dem elektronische Informationen sind.«

»Nee, Spiegel haben wir nicht.«

»Aha, vielen Dank.«

Und im Bürohaus der Redaktion verbringt eine Frau den ganzen Tag damit, mit dem Fahrstuhl hoch- und runterzufahren. Also, eigentlich verbringt sie ihre Zeit eben nicht damit, denn bei vier Stockwerken nimmt kaum jemand den Lift, sondern läuft schnell die paar Stufen zu Fuß. Deshalb sitzt diese Frau stundenlang im Fahrstuhl und liest Zeitschriften. Und wenn dann doch mal ein Lieferant mit dem Lift fahren will, besteht ihre Aufgabe darin, die Türen des Fahrstuhls zu schließen, einen Knopf zu drücken und dann die Türen wieder zu öffnen.

Die niedrigen Lohnkosten führen aber auch dazu, dass Dienstleistungen jeglicher Art vergleichsweise billig sind: Restaurant, Kneipe, Schneider, Schuster und eben auch Friseur. Umgerechnet acht Euro will Brigitta von mir haben, wobei wie gesagt strecken-weise gleich sechs Hände am Werkeln waren. Um die Wirtschaft meines Exillandes zu unterstützen, sollte ich also ab sofort nicht nur mehr ungarische Produkte kaufen, sondern auch öfter mal zum Friseur gehen. Al-lerdings haben sich die drei netten Damen diesbezüg-lich mit ihren ostigen Scheren ins eigene Fleisch ge-schnitten, denn sie verkürzten meine Haare dermaßen, dass ich in den nächsten zwei Monaten bestimmt nicht wieder vorbeikommen muss.

26. Auf der Suche nach Müll

Am nächsten Tag erzähle ich in der Redaktion stolz von meinem bestandenen Abenteuer und zeige als Beweis überall meine gestutzte Haarpracht herum. Zsuzsa äußert ihr Wohlwollen mit dem Erzeugnis ungarischer Friseurkunst, indem sie immer wieder mit meinen Haaren spielt und mich mit Komplimenten zudeckt. Sie trägt heute Regenbogen-Ohrringe, aber ich habe keine Ahnung, ob sie damit mehr verbindet als eine schön anzusehende Naturerscheinung.

Ich zeige auf ihre Ohrringe, frage »Was ist das?« und ernte die ungarischen Vokabeln für Ohrring und für Regenbogen. Und damit scheint sie in ihrem Element angekommen zu sein, denn sie fängt an, mir alle möglichen Naturphänomene ins Ungarische zu übersetzen. Dann geht sie über zu Märchenfiguren, zu Zwergen und Riesen, Hexen und Feen, Teufel und Gott, bevor sie schließlich bei dem Wort »anbeten« landet. »Imádlak – ich bete dich an. Das kannst du zu jemandem sagen, den du liebst.« Na, diese Information hat doch zur Abwechslung mal einen echten Gebrauchswert.

Ich setze mich an meinen Schreibtisch, denn eigentlich bin ich in erster Linie mal hier, um am Fließband Artikel zu schreiben, nicht um ungarische Liebeserklärungen auswendig zu lernen. Aber ich komme ja gar nicht dazu. Schuld daran ist Zsuzsa. Nicht die anbetende Zsuzsa, sondern die Sekretärin.

Es scheint, als stehen den Ungarn nur etwa drei Namen für Mädchen und drei für Jungen zur Verfügung. Die überwiegende Mehrheit aller mir bekannten Ungarinnen heißen deshalb Ágnes, Zsuzsanna oder Ildikó. Bei den Jungs stehen Attila, Gábor und Zoltán ganz hoch im Kurs.

Zsuzsa II. jedenfalls arbeitet seit einigen Wochen als Sekretärin bei der Zeitung und hat immer noch nicht bemerkt, dass ich kaum ein Wort Ungarisch spreche und verstehe. Irgendwie konnte ich mich bislang bei jedem Gespräch geschickt aus der Affäre ziehen, was sie zu der irrigen Annahme brachte, dass man mit mir durchaus auf Ungarisch kommunizieren kann. Und jetzt hält sie mich von der Arbeit ab, indem sie mit folgenden Worten einen Anruf zu mir durchstellt:

»Lysann!«

»Zsuzsanna!«

»Willst du ins Fernsehen?«

»Was?«

»Ob du ins Fernsehen willst!«

»Klar!«

»Okay, dann ist hier ein Typ von TV2, der mal mit dir reden will.«

»Cool. Danke.«

Ich denke natürlich, dass ich sie falsch verstanden habe oder dass sie mich verarscht hat. Aber nein. In der Leitung ist tatsächlich ein Redakteur der TV2-Sendung »Napló« (Tagebuch), der nach einem Deutschen sucht. Seine Redaktion plant einen Beitrag über den Müll auf Ungarns Straßen und sie brauchen jemanden, der sich darüber mal ordentlich aufregt. Ha! Ich! Als Expertin in Müllfragen! Sehr schön. Ohne zu zögern erkläre ich mich zu einem Interview bereit.

Meine Aufregung über diesen Anruf hält sich ziemlich in Grenzen. Grund dafür dürfte sein, dass ich in den vergangenen Monaten schon öfter mit diversen

Medien zu tun hatte: So steht nicht nur jede Woche mein Name in einer der auflagenstärksten Zeitungen der Welt, nein, einmal habe ich es sogar geschafft, ein Foto meiner linken Hand in die *Budapester Zeitung* zu schmuggeln. Gunnar erkannte die visuelle Anziehungskraft dieses Bildes und veröffentlichte es einige Wochen später gleich noch einmal im Wirtschaftsmagazin der Deutsch-Ungarischen Industrie- und Handelskammer, dessen Redaktion er inzwischen leitet.

Von einer Redakteurin des Lifestyle-Magazins *Pep* wurde ich als Vertreterin aller urbanen Singles, die sich so gar nicht um die Rentenzahler von übermorgen kümmern, interviewt. In einem deutschsprachigen Programm des Piratensenders Tilos Rádió (Radio Verboten) plauderte ich mit dem Moderator über Selbstmord und Linzer Torte. Und bei einer Demonstration für die Legalisierung weicher Drogen vor dem Parlament lichtete ein Fotograf der linksliberalen Tageszeitung *Népszabadság* (Volksfreiheit) meinen Kollegen Attila und mich als repräsentative Mitglieder einer völlig zugedröhnten Generation ab.

Mit diesen Erfahrungen im Rücken sehe ich der Zusammenarbeit mit den Kollegen von TV2 also gelassen entgegen.

Das Fernsehteam besucht mich am nächsten Tag an meinem Arbeitsplatz und filmt mich, wie ich gerade völligen Schwachsinn in meinen Rechner hacke, mir im Anschluss meine Tasche schnappe und das Haus verlasse. Wie ich das eben immer so mache. Dann begeben wir uns auf die Suche nach Müll. Wir fahren kreuz und quer durch Budapest, klappern mehrere Touristen-Treffpunkte ab und besteigen zwei Hügel. Kein Müll. Nirgends.

Völlig verzweifelt entscheidet das Team daraufhin, dass wir nach Esztergom an die slowakische Grenze fahren und dort nach Müll suchen. Wir finden einen schönen Platz auf dem Burgberg, aber keinen Müll. Trotzdem fragt mich die Moderatorin schon mal prophylaktisch vor laufender Kamera, ob mir der viele Müll in Ungarn bereits aufgefallen sei. Eigentlich nicht, nein. Meinen Gästen aus Deutschland? Nein, meines Wissens haben die sich noch nie über Müll beschwert. Und im Übrigen finde ich diese angeschmuddelte Schönheit in Budapest auch viel charmanter als die klinisch reinen Langweilerstraßen in mancher deutschen Innenstadt.

Im Gesicht der Moderatorin zuckt es mehrfach. So hatte sie sich das Gespräch offenbar nicht vorgestellt. Gott sei Dank hat inzwischen aber jemand ein bisschen Müll am Hang des Berges entdeckt. Sie zieht mich zum Tatort und fragt triumphierend: »Und was sagen Sie jetzt?«

Na ja, schön ist das nicht, aber Geldstrafen für einen weggeschmissenen Kaugummi halte ich trotzdem für Quatsch. Wichtiger ist die Einstellung der Menschen zu ihrer Umwelt, an der man arbeiten müsse. Ich klugscheiße noch ein bisschen sozialpädagogisch vor mich hin, dann lässt mich der Kameramann durch die Gegend laufen, um meine Füße zu filmen, und das war's – meine erste Sprechrolle im Fernsehen. Ab sofort werde ich Zsuzsa II. bei jedem Anruf erst einmal fragen, ob Hollywood mich sprechen will.

27. Monopoly hinter den Kulissen von Tokaj

Aber eigentlich bin ich ja nicht in der Redaktion, um mit Hollywood zu telefonieren, sondern um am Fließband Artikel zu schreiben. Vorzugsweise Artikel, die sich um »Kultur, Soziales und kuriose Randerscheinungen« drehen. Dieses Ressort haben mir die hiesigen Menschen mit der Richtlinienkompetenz irgendwann mal aufs Auge gedrückt und ich habe dankend angenommen. Seitdem suche ich nach interessanten Personen, denen ich jede noch so blöde Frage stellen darf. Das ist mein Beruf: Ich treffe Leute und frage sie aus. Ich kann mir nichts Schöneres vorstellen.

Einen Pianisten habe ich einmal gefragt, ob er sich eher gegen seine Ehefrau oder gegen sein Klavier entscheiden würde. Ein Magier hat mir erzählt, dass Frauen im Allgemeinen schockiert reagieren, wenn man sie mit hervorgezauberten Blumensträußen umwirbt. Ein Kabarettist, dessen Programm »Der Feminist« hieß, kam ins Stocken, als ich ihn als Erstes fragte, ob er eigentlich gern putzt. Eine Malerin hat mir die verschiedenen Nuancen von Weiß gezeigt und ein Anhänger der Hare Krishnas die Haarfarbe von Gott benannt.

Schöne Aufgabe also, auch wenn auf meine Arbeit gelegentlich mal ein Schatten fällt – meist in Form von Zsuzsa. Nicht die Sekretärin, sondern die Sales-Frau. Eigentlich mag ich Zsuzsa I. ja wirklich gern, vor allem ihre Fotogräfinnen-Augen und ihre märchenhafte Fantasie. Bezogen auf meinen Job aber lasse ich mir ungern von einer Frau reinreden, die wie ein Anzeigenkunde denkt und nicht wie ein Leser. Dieser Interessenkonflikt begleitet unsere Zusammenarbeit nun schon seit geraumer Zeit: Meiner Meinung nach dürfte es überhaupt keine Berührungspunkte zwischen der Sales-Abteilung und der Redaktion geben. Ihrer Meinung nach besteht meine Aufgabe vorrangig darin, sie in ihrer Arbeit zu unterstützen.

Das läuft dann ungefähr so ab:

»Schreib mal einen schönen Slogan für die Anzeige hier.«

»Was ist das?«

»Eine Striptease-Bar.«

»Ich soll einen Slogan für eine Striptease-Bar schreiben?«

»Ja.«

»O Mann, wo bin ich hier eigentlich? In der Hölle? Hab ich meine Seele an den Teufel verkauft?«

»Es geht nicht um deine Seele, sondern um eine Bar. Schreib einen Slogan.«

»Ich kann nicht, ich muss sonst kotzen.«

»Kotzen? Was ist das?«

»Hányni.«

»Ah! Wichtiges Wort! Also, kotzen, kotzte, hat gekotzt?«

»Äh, ja.«

»Und warum musst du kotzen?«

»Eine Striptease-Bar!«

»Genau. Also, wie heißt der Slogan?«

»Kühle Drinks in heißen Nächten?«

»Super!«

»Ja, super.«

Zsuzsas neueste Idee ist, dass ich nicht nur die Frau für Kultur, Soziales und kuriose Randerscheinungen bin, sondern auch eine Wein-Expertin. Sie hat sich nämlich in den Kopf gesetzt, dass ungarische Winzer nur darauf warten, eine Anzeige in unserer Zeitung zu platzieren. Und solch eine Anzeige bringt sie im Allgemeinen besser an den Winzer, wenn ich einen Artikel über ihn schreibe. Deshalb schleppt sie mich seit Wochen zu diversen Weinlokalen, Verkostungen und Fachmessen.

Dagegen ist ja grundsätzlich nichts einzuwenden, zumal einige ungarische Weine wirklich ausnehmend gut sind. Auch die Tatsache, dass ich überhaupt keine Ahnung von Wein habe, lässt sich mit der bewährten Bluff-Taktik irgendwie verschleiern: Statt mich mit einem unqualifizierten »Hmm, schmeckt gut« zu verraten, muss ich meinem Gesprächspartner nur ein paar möglichst kluge Fragen stellen und schon legt er von selbst los.

Das alles ist also nicht das Problem. Das Problem ist die potenzielle Gefahr, dass Zsuzsa eines Tages wirklich mal eine Anzeige verkauft und dann mich als PR-Trulla missbraucht. Und diese Gefahr wird gerade akut: Zsuzsa hat nämlich entschieden, dass wir zusammen für drei Tage zu einem Weinfestival nach Tokaj fahren, weil dort eine Gräfin lebt, die eventuell Anzeigen schalten will. Jetzt wird's brenzlig. Zudem benutzt Zsuzsa das Wort »müssen« und weckt damit in mir das Trotzkind:

»Du musst mit nach Tokaj kommen und über das Hotel einer reichen Gräfin schreiben.«

»Ich muss gar nichts.«

»Doch. Es geht um Anzeigen.«

»Ist mir egal. Ich bin Journalistin. Mir geht es nicht um Anzeigen, sondern um interessante Themen. Und ein Hotel ist kein interessantes Thema.«

»Ohne Anzeigen kein Geld und keine Zeitung.«

»Ohne interessante Artikel keine Leser und keine Zeitung.«

High Noon. Wir stehen uns gegenüber und sehen uns mit zusammengekniffenen Augen an. Zwischen uns rollen Mistelbälle über die staubige Straße. Jede hat die Hand am Pistolenhalfter und wartet auf die kleinste Bewegung der anderen. Die Situation droht zu eskalieren. Mein Gehirn arbeitet auf Hochtouren: Kompromiss! Friedensangebot! Waffenstillstand! Schnell! Denk dir was aus! Es geht um dein Leben!

»Machen wir's so: Ich schreibe über deine doofe Gräfin und der Artikel wird als PR-Text markiert. Dafür organisierst du mir einen kleinen Winzer, der ums Überleben kämpft und den ich porträtieren kann. Und: Du übersetzt beim Interview mit dem Typen.«

»Verabredet.«

Hand drauf.

Also fahren wir mit einem klapprigen Zug nach Tokaj und besuchen Zsuzsas Gräfin, eine überpflegte Dame aus Deutschland mit ungarischen Vorfahren, die sich nach der Wende ein riesiges Anwesen in Tokaj gekauft hat, um vom Weintourismus zu profitieren. Ihr Haus sieht aus wie die Kulisse eines »Sissi«-Films: drinnen wertvolle Gemälde, antike Möbel und museale Accessoires, draußen ein großer barocker Park und ein Weinberg nebst Kapelle. Die Frau selbst passt gut dazu: Marke Uschi Glas, würde ich sagen.

Und der Glas nicht ganz unähnlich lässt auch die Gräfin jedes Gespür für Ironie vermissen: »Sehen Sie, hier kommt ein Swimmingpool mit Sauna, Fitnessstudio und Bar hin, dort rechts der Golfplatz und da drüben der Reiterhof.«

»Toll. Das ist ja wie bei Monopoly hier.«

»Ja, nicht wahr?«

Nach ihrer Einführung in die Welt der Reichen und

Schönen lädt sie uns noch zu einer Weinprobe in den Salon ihres Hotels ein. Allein das Geschirrservice, auf dem die dazugehörige Gänseleber gereicht wird, dürfte teurer gewesen sein als mein gesamtes Studium.

Das Kontrastprogramm erwartet Zsuzsa und mich einen Tag später bei einem fünfundsechzigjährigen Winzer vom alten Schlag, der uns vormittags in seinem heruntergekommenen Weinkeller mit süßem Aszú abfüllt und dabei aus seinem Leben erzählt. Offenbar lohnt es sich für ihn nicht mehr, allein einen Weinberg zu bearbeiten. Er sucht jetzt nach einem Käufer für sein Lebenswerk, für seinen Weinberg und den Keller. Was für ein Bild: Über uns hängen riesige Spinnweben, auf den Tischen und Bänken sammelt sich der Staub in Flusen und seine verwitterte Arbeiter-und-Bauern-Hand schwebt im Halbkreis durch das Halbdunkel: »Das hier ist die Vergangenheit von Tokaj.«

Nebenbei saugt er mithilfe eines Schlauches den likörartigen Wein direkt aus dem Fass in einen Glaskolben und lässt ihn in unsere Gläser laufen.

Zsuzsa und ich haben uns vorher einen Apfel zum Frühstück geteilt und sind jetzt beim vierten Dessertwein angekommen. Wir halten uns zwar immer noch ganz wacker auf der Holzbank, aber man merkt uns unseren angeschlagenen Zustand wohl inzwischen an: »Sie sehen aber betrunken aus«, meint der alte Winzer, schlurft über den Hof am Plumpsklo vorbei in seine dreckige Küche und kommt mit einem Riesenteller voller Speckschwarten, Paprika-Salami, rohen Zwiebeln und Brot zurück. Lecker ist das alles nicht, vor allem nicht als zweites Frühstück, aber es hilft.

28. Ungarisch lernt man am besten im slowakischen Suff

Berufsethisch gesehen mag es ernst zu nehmende Nachteile haben, sich mit einer Anzeigenverkäuferin anzufreunden. Es hat aber auch unbestreitbare Vorteile. Zsuzsas Deutschkenntnisse zum Beispiel sind im Gegensatz zu denen der linguistischen Überflieger Flóra und Ági relativ überschaubar. Das führt dazu, dass ich viel lieber mit Zsuzsa Ungarisch rede, weil ich bei anderer Gelegenheit auch ihr Deutsch verbessern kann. Somit haben wir beide etwas von der Sprachlektion.

Das sieht Zsuzsa wohl so ähnlich, denn jeden Morgen kommt sie mit einer anderen ungarischen Vokabel an, die ich ihrer Meinung nach auf jeden Fall kennen sollte. Leider hat sie aber eine Vorliebe für Sprichwörter, Kinderreime und Gedichte, für Wörter und Redewendungen, die »die alten Leute auf dem Land« benutzen oder die möglichst literarisch sind, so dass sich mein Ungarisch in eine recht skurrile Richtung entwickelt. Das merke ich aber immer erst im Umgang mit anderen Ungarn, die sich über meine Ansagen aufs Köstlichste amüsieren.

Auf den Budapester Gossenslang, den ich woanders aufgeschnappt habe, reagiert Zsuzsa hingegen sehr ablehnend. »Pfui, das ist hässlich«, sagt sie dann oder auch: »Du redest schon so affektiert wie ein Budapester.«

Es hat keinen Sinn, ihr zu sagen, dass ich möglichst

authentisch sprechen möchte und nicht wie ein Buch aus dem vergangenen Jahrhundert. Zsuzsa hat sich fest vorgenommen, mir »schönes Ungarisch« beizubringen.

Der zweite Grund, warum es sich lohnt, Zsuzsas Nähe zu suchen, besteht darin, dass sie Hinz und Kunz kennt und alles organisieren kann. Alles. Es gibt praktisch kein Problem, für das diese Frau keine Lösung wüsste. Meine E-Gitarre und der Verstärker stehen noch im Keller meines Bruders rum? Kein Ding. Ein Anruf mit einem ihrer Handys bei einem ihrer Bekannten und zwei Wochen später liefert ein Mann die Sachen bei mir ab. Kostenlos. Nicht mal eine Tasse Kaffee will dieser Mensch als Gegenleistung annehmen.

Diese uneigennützige Art ist ebenso wie der ungarische Charme genetischer Natur: Der Ungar an sich spendiert gern. Restaurant- und Kneipenrechnungen zahlt immer der Mann. Jede Rechnung und sei sie noch so groß. Man kann dann anfangen zu diskutieren, man kann es aber auch gleich sein lassen. Es hat eh keinen Sinn, dagegen anzukämpfen. Im schlimmsten Fall bekommt der Mann noch richtig schlechte Laune. Und das wollen wir ja alle nicht. Schlecht gelaunte Männer tragen nicht gerade zur Rettung der Welt bei.

Überhaupt scheint in Ungarn der Umgang mit Geld dem Umgang mit Zeit zu entsprechen. Wenn Zeit wirklich Geld ist, dann scheint dieses Volk von beidem viel zu haben. Neulich habe ich es zum Beispiel endlich mal geschafft, meinen Vermieter zu erreichen und ihn zu fragen, wer eigentlich seit Monaten meine Telefon-, Strom-, Gas- und Wasserrechnungen begleicht. Er zahlt das. Aha. Und?

»Ja, was soll ich sagen. Überweisen Sie halt bei Gelegenheit mal einen grob geschätzten Betrag. Aber machen Sie sich um Gottes willen keinen Stress. Sie wissen ja, wie das in Ungarn läuft.«

Ich liebe dieses Land.

Ebenso entspannt geht die Verkäuferin im Kiosk um die Ecke mit Geld um. Was Vorratswirtschaft angeht, habe ich den Intellekt eines Guppies. Deshalb schneie ich auf der Suche nach Lebensmitteln meist noch kurz vor Ladenschluss, also kurz vor 22 Uhr, bei Tante Emma rein. Und Tante Emma denkt kaufmännisch: Aus Gründen der Kundenbindung verwickelt sie mich immer in ein Gespräch. Manchmal will sie mir auch tagesaktuelles Brot schenken. Und wenn sie meine großen Scheine nicht wechseln kann, dann sagt sie immer: »Egal, kannst du morgen zahlen.«

Dazu muss man erklären, dass große Scheine in Ungarn alles über fünftausend Forint, also zwanzig Euro sind, so dass ich des Öfteren schon am nächsten Tag gezahlt habe.

Geld spielt also keine große Rolle hier, Kontakte dafür umso mehr. Wer zum Beispiel einen Klempner braucht, der ruft jemanden an, der jemanden kennt, der jemanden kennt. Und diesem Jemand gibt er dann entweder bei Gelegenheit mal ein Bier aus oder einen »grob geschätzten Betrag« bar auf die Hand. Das ist auch einer der Gründe dafür, dass das offizielle Durchschnittseinkommen in Ungarn kurz über der Armutsgrenze liegt. In diesem Land eine Statistik aufzustellen ist völlig sinnlos, denn ein großer Teil der Wirtschaft spielt sich einfach mal im Schatten ab.

Zsuzsa und ihr unüberschaubar großes Netzwerk sind also wirklich Gold wert. Schon ein paar Mal war ich mit ihr in der Oper und habe »Don Giovanni« vom Platz des Lichttechnikers aus verfolgt, während sie fotografierte. Sie hat mich auch in ein edles Restaurant mitgenommen, dessen Besitzer Sergej wir mit

unserem Schulrussisch glücklich gemacht und dazu
gebracht haben, uns bis zum Anschlag zu bewirten.
Und ich habe sie in besagte Striptease-Bar begleitet,
wo die Geschäftsführerin mir erklärte, dass viele ihrer
Tänzerinnen verheiratet sind und Kinder haben, aber:
»Eine Figur! Huijuijui!«

Bevor ich einen von Zsuzsas Themenvorschlägen
rundweg ablehne, lohnt es sich also immer, erst einmal genau hinzuhören. Manchmal springen nämlich
wirklich gute Ideen dabei heraus, so wie das Interview
mit Martin Szipál, einem achtzigjährigen Fotografen,
der vierzig Jahre lang in Hollywood gelebt und dort
Menschen wie John Wayne und Audrey Hepburn ab-
gelichtet hat. Diesen Mann besuchen Zsuzsa und ich
in seiner komplett zugemüllten Wohnung. Er hat eine
riesige Sonnenbrille im Gesicht, dreht sich einen Joint
und erzählt aus seinem Leben.

Fünf Frauen hat er im Laufe der Jahre geheiratet
und sein gesamtes Einkommen hat er immer sofort auf
den Kopf gehauen. »Was soll ich denn mit dem Geld
sonst auch anfangen?«

Gute Frage eigentlich. Allerdings kann er sich inzwischen ein Leben in Hollywood nicht mehr leisten,
ist deshalb nach Ungarn zurückgekommen und sitzt
auf einer rettungslos zerschossenen Couch. »Aber was
soll's? Der Sinn des Lebens ist Veränderung.«

Auch das ein weiser Beitrag.

Zsuzsa sitzt neben mir, versteht kaum ein Wort von
unserem englischen Gespräch und flüstert mir mit weit
aufgerissenen Augen zu: »Er ist verrückt geworden!«

Ich pruste los und werfe dem alten Mann einen ent-
schuldigenden Blick zu. Er aber lächelt mich mit roten
Augen an und redet einfach weiter. Daraufhin legt sich
Zsuzsa eine Zeitschrift aufs Gesicht und schläft ein.

Bevor wir gehen, macht der Fotograf mir noch ein

recht zweifelhaftes Kompliment: »Deutsche Frauen sehen ja eigentlich scheiße aus, aber du bist eine Ausnahme.« Vielleicht ist er ja auf der Suche nach seiner sechsten Ehefrau.

Attila, mein Kumpane auf dem Kifferfoto für die *Népszabadság*, scheint auch auf der Suche nach einer Ehefrau zu sein. Und dabei hat er ein Auge auf Zsuzsa geworfen. »Die ist lieb«, sagt er, und weil er in Wien aufgewachsen ist, bedeutet das, er findet sie süß.

Wir sitzen zu zweit im Keller einer Kneipe namens Sark (Ecke) und warten darauf, dass ein Konzert des Violinisten Félix Lajkó anfängt, der laut Attila besser war, als er noch schwere Depressionen hatte.

»Versuch dein Glück bei Zsuzsa«, mache ich ihm Mut. Dann wollen wir doch mal sehen, wie der Affe ins Wasser springt.

Am nächsten Tag beehrt Attila die Mittagspause, die Zsuzsa und ich immer zu zweit verbringen, mit seiner Anwesenheit. Und weil er der ungarischen Minderheit in der Slowakei angehört, redet er selbstverständlich in seiner Muttersprache mit Zsuzsa. Ich versteh kein Wort. Er redet, ohne Luft zu holen. Zsuzsa lächelt nur. Auf dem Rückweg in die Redaktion hakt sie sich bei mir ein und macht sich leise über ihn lustig.

Aber Attila gibt nicht auf und lädt Zsuzsa und mich übers Wochenende zu einer Party in einem slowakischen Nest nördlich von Esztergom ein, wo seine ungarischen »Heimatfreunde« einmal im Jahr ein Picknick auf einer Flussinsel im Wald organisieren. Zsuzsa sagt nein, ich sage ja.

Am Samstagmorgen treffen Attila und ich uns um neun am Busbahnhof. Das heißt, er trifft sich selbst. Ich war in der Nacht zuvor mit Ági und ihrem Bruder

Attila (ja, ja, noch ein Attila) feiern, habe verschlafen und komme anderthalb Stunden zu spät. Aber mein Kifferkumpel Attila lässt Gnade vor Recht ergehen, wartet auf mich und wir fahren zusammen zu dieser wunderschönen slowakischen Insel, auf der duftender Lavendel blüht und ganz viele kleine Tierchen ihr Unwesen treiben. Idyllisch.

Aber nicht mehr lange. Im Schatten uralter Bäume bauen die Jungs eine Zapfanlage, einen riesigen Grill und ein DJ-Set mit dicken Boxen auf. Etwa fünfzig Menschen trudeln nach und nach ein. Alle kennen sich, alle sprechen Ungarisch und ich stehe dazwischen und verstehe nur gelegentlich mal ein Wort oder einen Satz. Sobald sich eine einzelne Person meiner annimmt, bekommen wir schon einen lausigen Smalltalk hin, aber Gruppengespräche – no way.

»Trink was«, meint Attila und drückt mir ein Bier in die eine und einen selbstgebrannten Pálinka in die andere Hand. Dann redet er mit dem DJ, bekommt ein paar Pilze und verdrückt sich in den Wald, um »mit den Bäumen zu reden«.

Ich hab darauf keine Lust. Ich muss nicht auch noch mit Bäumen zu plaudern versuchen, wenn ich schon an einem Gespräch mit Menschen scheitere. Irgendjemand drückt mir einen Joint in die Hand. Oje, Bier, Schnaps und Gras, das kann ja noch was werden heute Abend.

Aber das Zeug wirkt Wunder: Auf einmal kann ich Ungarisch! Ich rede mit einem Typen über Politik, mit einem anderen über sein Lebenskonzept, mit einem dritten über Kunst in Budapest und bin schwer beeindruckt von meinen eigenen Ungarischkenntnissen. Eine Fremdsprache lernt man offenbar nicht im Bett am besten, sondern im Suff. So einfach ist das.

Zwei Stunden später kommt Attila von seinem Trip

zurück und erzählt mir, dass er das Gras wachsen gehört hat. Klar. Bei den Bässen, die durch den Wald schallen, sicher keine große Kunst. Wir springen auf die Tanzfläche. Unsere großen verzerrten Schatten hüpfen an den angestrahlten Bäumen auf und nieder, über uns sind unzählige Sterne zu sehen und der Beat aus der Box landet direkt in meiner Magengrube. Was für eine Nacht. Nicht sehr umweltfreundlich, dafür aber erinnerungswürdig. Zwischendurch brüllt Attila mir auch noch zu: »Ich bin verliebt ins Leben!« – und trifft damit den Nagel auf den Kopf.

Später liegt er neben mir im Gras und wir sehen hoch in den Sternenhimmel. Der DJ legt zum dritten Mal ein Stück namens »Magyar Nemzeti Hip Hop«, Ungarischer National-Hip-Hop, auf und Attila lacht sich zum dritten Mal über die Verse kaputt: »Ich stehe in der Puszta, am ungarischen Himmel sind ungarische Sterne, der Wind weht aus dem Westen. Was wünscht sich das ungarische Volk? Pannonischen volkstümlichen ungarischen Hungaro-National-Rap!« Er erzählt mir, dass die rechtsextreme Partei MIÉP die Ironie nicht begriffen und die Band Belga zu einer Wahlkampfveranstaltung eingeladen hat. Jetzt pruste auch ich los.

29. EU-Beitritt: Aber nur weil Ghymes auftreten

»Was ist, Germanist?«, fragt Zsuzsa mich in der Woche darauf und kitzelt mich gegen die Wand der Redaktionsküche.

Ich aber – ganz Germanistin – lasse mich natürlich gar nicht in meiner ernsten Feierlichkeit irritieren, denn große Ereignisse stehen ins Haus und die bedürfen einer gewissen Seriosität: »Am Samstag tretet ihr der EU bei! Ist das nicht fantastisch?«

Allerdings reagiert Zsuzsa wie so viele andere Ungarn in meinem Umkreis auch eher unterkühlt auf diese Aussichten: »Ach, die EU. Diese Scheißkapitalistenschweine wollen nur unser Land kaufen.«

Ich frage mich einmal mehr, warum Zsuzsa sich eigentlich immer die deutschen Wörter merkt, die sie sich nicht merken soll. Ich weiß nicht, wie oft ich ihr schon erklärt habe, was die Vokabeln Entfernung und Entwicklung bedeuten. Aber kaum habe ich das Wort Scheißkapitalistenschweine in den Mund genommen, kann ich sicher sein, dass sie es bei der nächsten Gelegenheit verwenden wird.

Dasselbe gilt für Jammerossi und Besserwessi. Seitdem Zsuzsa diese beiden Begriffe kennt, fragt sie jeden Deutschen, der ihr über den Weg läuft, als Erstes: »Jammerossi oder Besserwessi?« Und damit nicht genug. Die Antwort bewertet sie dann auch noch mit einem »Na dann ist gut« oder mit »Ach herrje«. Was habe ich da nur angestellt? Mag sein, dass ich das witzig finde und sie auch, aber das muss ja nicht für jeden anderen auch gelten. Ungarische Botschafterin in Berlin sollte Zsuzsa besser nicht werden.

Das ginge auch schon allein deshalb nicht, weil sie mit Vorliebe Phrasen wie »Éljen Magyarország«, es lebe Ungarn, drischt. Einmal habe ich eine E-Mail an sie aus Spaß mit diesem Imperativ beendet – allerdings mit einem Rechtschreibfehler: »Éhen Magyarország.« Fehlte nur noch das kleine Wort »haljon« und ich hätte Ungarn gewünscht, es möge verhungern. Zsuzsa was not amused.

Sie scheint mir aber verziehen zu haben, denn sie bringt mir schon wieder einen neuen Slogan bei und einen Stapel CDs mit. Die Parole lautet: »Piros, fehér, zöld – ez a magyar föld.« Rot, weiß, grün – das ist die ungarische Erde. Und wenn es nach Zsuzsa geht, werde ich diesen Schlachtruf bei der Feier zum EU-Beitritt lauthals skandieren. Da kann sie aber lange warten.

Unter den CDs sind World Music einer Band namens Ghymes aus dem ungarisch dominierten Teil der Slowakei, die Altherren-Combo Locomotive GT von Gábor Presser und ein ebenfalls schon leicht angegrauter Kuschelrocker namens Révész. »Das erste Lied von Révész musst du übersetzen.« Warum benutzt diese Frau eigentlich immer das Wort »müssen«?

Nachdem wir nach Feierabend noch zwei Stunden in einem Supermarkt damit zugebracht haben, mit unseren Einkaufswagen Wettrennen zu veranstalten, Weinetiketten durch Fühlen zu erraten, unsere Nasen in eine Kaffeemühle zu stecken und die Warenpalette in gute ungarische und schlechte nicht-ungarische Produkte einzuteilen, bin ich wieder besänftigt und setze mich zu Hause tatsächlich mit dem empfohlenen Liedtext auseinander. Und wenn ich von einem Weichspülrocker aus den Achtzigern Ungarisch lerne, dann soll es eben so sein.

Nach zwei Textzeilen entscheide ich, dass Révész gar nicht geht, und wende mich lieber Ghymes zu. Irgendwas von grüner Brille und schöner Welt singen die, so weit verstehe ich auch ohne Wörterbuch: »Zöld szemüvegen át, szép ez a világ«, durch eine grüne Brille ist diese Welt schön. Ob die wohl auch auf der grasgrünen Insel in der Slowakei gefeiert und darüber gleich einen Hit geschrieben haben? Um das herauszubekommen, muss ich schon den ganzen Text übersetzen. Na dann mal los.

Nach einer Stunde Wörterbuchwälzen und einem Anruf bei Ági habe ich zwar alle Strophen übersetzt, aber verstanden habe ich nicht, was diese Slowaken von mir wollen. Irgendwie ruft mich wohl die Landschaft und ich politisiere aus irrtümlich verliebtem Munde. Von einer Dorka ist die Rede, von Mária und vom Zauberer von Oz. Illustre Runde. Na ja. Man muss Kunst auch nicht immer verstehen.

Am nächsten Tag lege ich Zsuzsa meine brav erledigten Hausaufgaben vor.

»Sehr schön«, meint sie strahlend und tippt mir auf die Nase.

Jetzt habe ich sie so weit: »Okay, ich habe gemacht, was du gesagt hast. Jetzt machst du, was ich dir sage: Du kommst in der Nacht zum Samstag mit zur EU-Feier.«

»Auf keinen Fall«, lautet die prompte Absage.

»Ghymes treten auf«, locke ich sie.

»Na gut«, lenkt sie schließlich ein, »aber nur wegen Ghymes. Echte Ungarn.«

»Die kommen aus der Slowakei.«

»Na und? Das sind trotzdem Ungarn.«

Wie sie meint.

Freitagnacht nach Redaktionsschluss fahre ich mit dem Fahrrad zum Heldenplatz. Unterwegs erreicht mich eine SMS von Zsuzsa: »Du musst schnell kommen und mich retten! Ich habe eine Verabredung mit einem hässlichen Mann!« Na toll. Ich werde Zsuzsa vor der miesen Männerwelt retten. Für den Job bin ich ja genau die Richtige. Wir treffen uns und ich muss zugeben: Der Mann ist wirklich hässlich. Aber es ist wohl vergeblich, einer Fotogräfin mit Fokus auf Ästhetik zu erklären, dass er ja trotzdem irgendwie ganz nett sein kann.

Zsuzsa nimmt mich strahlend in Empfang, zieht mich besitzergreifend an ihre Seite, redet ab sofort nur noch mit mir und nur noch Deutsch. Der hässliche Mann steht zusammengesunken neben ihr. Er tut mir leid. Ich frage ihn, ob er sich freut, dass Ungarn der EU beitritt.

»Das ist mir egal. Ich bin wegen Ghymes hier. Und wegen Zsuzsa.« Schüchterner Seitenblick auf die Angebetete, die ihn weiterhin ignoriert. Wenige Minuten später macht er einen Abgang. In solch einer historischen Nacht eine derartige Abfuhr zu bekommen fühlt sich bestimmt nicht gut an.

Zsuzsa und ich laufen zu einer großen Bühne, wo auf Ungarisch gesungen und getanzt wird. Schön: Ungarn tritt der Union bei und nutzt die Gelegenheit dafür, sich einmal mehr in seinem eigenen Selbstverständnis zu bestätigen. Nach meiner Schätzung tendiert die Wahrscheinlichkeit auch langfristig gegen null, aus einem ungarischen Mund mal den Satz zu hören: »Ich bin Europäer.« Das kann man vielleicht auch ganz gut daran erkennen, dass eine durchschnittliche Plattensammlung in Ungarn überwiegend einheimische Tonträger aufweist. In Deutschland sieht das nach meiner Erfahrung anders aus.

»Lysander Germanos! Wo bist du?«

»Hier.«

»Was denkst du?«

»Ich denke über ungarische Musik nach.«

»Ich auch! Wir sind Seelengeschwister, wir beide!«

»Seelenverwandt, auf Deutsch heißt das seelenverwandt.«

»Aber wir sind doch wie Schwestern!«

»Meinst du?«

»Nicht nur ich! Der Alkoholiker hat auch erst gedacht, dass wir Schwestern sind!«

Zsuzsa gibt ihren Bekannten gern Spitznamen, damit ich sie besser auseinanderhalten kann. Der Besitzer eines Restaurants in Buda zum Beispiel heißt Alkoholiker, weil er einer ist. Und zwar noch mehr als der Durchschnittsungar. Es ist also sehr fraglich, ob man seinem Urteil über die Beziehung zwischen Zsuzsa und mir einen großen Wert beimessen sollte. Das sage ich ihr aber nicht, denn jetzt treten Ghymes auf und da will ich nicht stören.

Nach dem Konzert treffen wir in der Menschenmenge Patrícia, die für die *Budapest Times* schreibt.

»Hallo! Na? Freust du dich?«, frage ich sie.

»Worüber?«, fragt sie zurück.

(Ja, was meinst du denn, warum wir alle hier sind?)

»Na, über Ungarns Beitritt zur EU!«, helfe ich ihr auf die Sprünge.

»Ach, dadurch wird sich auch nichts ändern in diesem Scheißland hier.«

(Der Ungar an sich neigt gelegentlich ein wenig zum Fatalismus.)

»Ja, aber warum bist du denn dann hier?«, muss ich dann aber doch noch wissen.

»Wegen der Musik, die ist ganz gut.«

O Mann. Wenn das die EU wüsste, dass sich die Leute einen Dreck um sie scheren. Die würde glatt all ihre Mitglieder wieder rausschmeißen. Patrícia ist das offenbar egal, die nickt grüßend, dreht sich um und geht weiter.

Plötzlich stehen Flóra und ihre Muddi vor mir, mit denen ich eigentlich auch verabredet war, die ich aber nicht erreichen konnte, weil mein Mobilfunknetz eher einem Maschendrahtzaun gleicht, so viele Netzlöcher weist es auf.

Flóra ist stinksauer: »Wo warst du denn? Wir haben dich die ganze Zeit gesucht!«

»Mach dich mal locker. Ihr Ungarn habt's doch sonst auch nicht so mit der Zeit. Euer ›Ich bin gleich da‹ heißt irgendwas zwischen einer halben Stunde und nie.«

»Weißt du was, du nervst mit deinen Scheißklischees.«

»Ja. Entschuldigung.«

»Ist schon gut.«

Und damit ist die Sache bereinigt. Die Flóra an sich geht gern mal in die Luft, beruhigt sich dann aber für gewöhnlich auch ganz schnell wieder. Streiten mit ihr ist sehr angenehm.

Zsuzsa aber nimmt die negativen Vibrationen zum Anlass, sich zu verabschieden.

»Das geht nicht! In zwanzig Minuten bist du die EU!«, will ich sie aufhalten.

»Ich scheiß auf die EU. Ich will allein sein. Hier sind zu viele Menschen«, kommt zurück.

Sie macht sich tatsächlich aus dem Staub. Jetzt. Kurz vor Mitternacht. Werd mir einer aus dieser Frau schlau. Dafür malt mir Flóra aber mit Kuli ein E auf die linke Handfläche, ein U auf die rechte und einen Europa-Stern neben mein Auge. Dann kann's ja jetzt losgehen. Punkt zwölf köpfen wir eine mitgebrachte

Sektflasche und umarmen uns. So hatte ich mir das vorgestellt: deutsch-ungarische Freundschaft unterm pyrotechnisch verblendeten Sternenhimmel.

Am nächsten Tag ziehen Flóra und ich durch die blau-gelb geschmückte Innenstadt, weil Jan meinte, ich solle doch Fotos von »lachenden Kindern mit der EU-Flagge« machen. Bei jedem Kind, das uns in die Quere kommt, schreit Flóra deshalb auf: »Da!«

Aber entweder fangen die Kinder an zu heulen, sobald sie mich mit der Kamera vorm Gesicht ankommen sehen, oder sie sind nicht klar erkennbare neue EU-Mitglieder, will heißen: mit ohne EU-Flagge.

Ich geb's irgendwann auf und laufe mit Flóra über die Kettenbrücke zum Budaer Donauufer, um den Informationsstand aufzusuchen, den die deutsche Botschaft und die Deutsch-Ungarische Industrie- und Handelskammer bestücken. Gunnar steht da und beschenkt uns mit etlichen Tüten Haribo.

»Also, ich mag die EU«, meint Flóra kauend.

30. Budapest ist Babylon

Wo auch immer das Sprachzentrum in meinem Hirn ist, dort jedenfalls wird mir demnächst eine überdimensionale Beule aus dem Kopf herauswachsen. Oder der Bereich explodiert wegen Überlastung und hinterlässt einen ausgefransten Krater. Beides sicher kein schöner Anblick. Aber ich kann mir nicht vorstellen, dass die babylonischen Zustände, denen ich meinen Kopf tagtäglich aussetze, ohne Risiken und Nebenwirkungen bleiben. Babylonisch deshalb, weil ich mich ja nicht mit dem Erlernen des unmöglichen Ungarischen begnüge, sondern mich auch noch mit anderen Sprachen und ihren Finessen auseinandersetzen muss.

Da ist zunächst mal meine eigene Muttersprache: Berufsbedingt habe ich inzwischen ein geradezu erotisches Verhältnis zu Herrn Duden und Fräulein Rotstift aufgebaut, das mich auch nach Feierabend begleitet. Kein Zeitungsartikel, kein Buch, kein Brief, keine E-Mail, keine Speisekarte, kurz: Kein deutscher Text geht an mir vorbei, ohne dass ich ihn auf Fehler abgesucht habe. Es ist zum Verzweifeln. In dieser Korrekturmanie kann mich nur die Vorstellung trösten, ich wäre Zahnärztin oder Fachfrau für Mülltrennung geworden.

Dabei halte ich mich und meine Deutschkenntnisse keineswegs für unfehlbar, im Gegenteil: Auf dem Gebiet kann ich noch einiges lernen. Das zeigt sich zum Beispiel daran, dass ich erst auf dem Umweg über das

Ungarische den Zusammenhang zwischen mögen und möchten begriffen habe:

»Ági! Ein Geistesblitz durchzuckte soeben mein Hirn! Achtung! Große Erkenntnis!«

»Da bin ich aber mal gespannt.«

»Mir ist gerade aufgefallen, dass szeretnék der Konjunktiv von szeretek ist! Erstaunlich, oder?«

»Na ja, Lysann, das ist halt wie im Deutschen auch: Ich möchte ist der Konjunktiv von ich mag.«

»Echt? Möchten ist der Konjunktiv von mögen? Krass. Ich meine: *Krass*! Ich mag, ich möchte! Möchten ist der Konjunktiv von mögen! Wo gibt's denn so was?«

Ági kann in solchen Situationen nicht viel mit mir und meiner Begeisterung anfangen. Trotzdem klärt sie mich immer geduldig über die Gesetze der deutschen Grammatik auf. Da kennt sie sich aus. Immerhin ist sie eine erklärte Liebhaberin der deutschen Sprache. Warum das so ist, hat sie mir einmal damit erklärt, dass man im Deutschen viele Infinitive hintereinanderweg sagen darf: »Wir hätten aufräumen sollen zum Beispiel. Hätten. Aufräumen. Sollen. Klingt doch super!« Ja, super.

Die Infinitiv-Fetischistin würde jedenfalls nicht ansatzweise in Erklärungsnöte geraten, wenn sie mit Zsuzsa ein Gespräch wie das folgende führen müsste:

»Da sagte meine Bekanntin, dass …«

»Meine Bekannte hat gesagt, dass …«

»Der Bekannte und die Bekannte? Wieso?«

»Keine Ahnung.«

»Aber sie ist doch ein Mädchen!«

»Trotzdem.«

»Und wieso heißt es eigentlich das Mädchen? Das Mädchen ist doch eine Frau.«

»Weil Mädchen eine Verkleinerungsform ist.«

»Eine was?«

»Verkleinerung, wie anyuka statt anyu, das Mütterchen statt die Mutter. Das Mädchen ist eine kleine Maid und Verkleinerungen sind immer sächlich.«

»Und was ist eine Maid?«

»Egal, das ist ein altes Wort, sagt niemand mehr. Aber das Mädchen ist eine kleine Maid, das Brötchen ist ein kleines Brot, das Märchen eine kleine Mär.«

»Also das Lysannchen?«

»Ja, das Lysannchen.«

»Komisch seid ihr. Du bist doch eine Frau.«

»Ist aber so: das Lysannchen.«

»Nicht sehr feministisch.«

»Feminismus ist übrigens ein Mann: der Feminismus.«

»Was? Der Feminismus?«

»Ja, alle Wörter mit -ismus am Ende sind Männer: der Feminismus, der Kommunismus, der Kapitalismus.«

»Wieso?«

»Weiß ich auch nicht. Aber die ungarische Sprache ist auch nicht gerade feministisch: Ihr habt gar keine Geschlechter. Oft weiß man nicht mal, ob gerade ein Mann oder eine Frau gemeint ist.«

»Ist doch logisch.«

»Logik ist übrigens eine Frau: die Logik.«

»Eine Frau? Wieso?«

»Keine Ahnung. Aber was hat denn jetzt deine Bekannte gesagt?«

Kein Wunder, dass Zsuzsa und ich stundenlang miteinander reden können, ohne dass uns der Gesprächsstoff ausgeht. Statt hintereinanderweg zu erzählen, stellt sie mir nach jedem Satz eine linguistische Frage, auf die ich garantiert keine Antwort weiß.

So ähnlich geht es mir auch mit den vielen Habsburgern, die ich hier in Ungarn kennenlerne. Die Gespräche mit denen dauern aber nur deshalb ewig, weil die Österreicher immer so unheimlich langsam reden. Jeden einzelnen wohldurchdachten Satz lassen sie mindestens noch fünf Sekunden auf der Zunge reifen, bevor sie ihn Silbe für Silbe auf einem Tablett herüberreichen. Der Umgang mit dem Habsburger an sich erfordert einiges an Geduld.

Davon abgesehen ist Österreichisch aber ganz einfach: An das Ende eines jeden Substantivs hängt man ein l an. T-Shirt heißt Leiberl, Tüte Sackerl und Schrank Kasterl. Beim Essen braucht man die Vokabeln Eitrige, Weckerl, Häferl und Schüsserl. Gut heißt guad, schlecht schiach. Statt zu sehen wird geschaut, statt zu schließen wird gesperrt, statt hier sagt man da. »Du gehst mir ab« heißt »du fehlst mir« und »es geht sich aus« bedeutet »das klappt schon«. Das war's. Mehr muss man über die österreichische Sprache nicht wissen.

Die Habsburger sind aber nicht nur beim Sprechen dermaßen langsam, dass ihr Redefluss eher einem stehenden Gewässer gleicht. Auch mit ihrer Sprachentwicklung lassen sie sich Zeit. Der Ösi an sich dreht zum Beispiel sein Handy an. Das kommt wohl ursprünglich von »Licht andrehen«, nur dass seit der Entdeckung der Elektrizität das Licht nicht mehr in der Petroleumlampe angedreht, sondern einfach angeschaltet wird. Aber nicht so in Österreich, da wird weiterhin gedreht, was das Zeug hält.

Mit diesem Hang zur antiquierten Wortwahl stehen die Ösis nicht allein, da bekommen sie auch noch kräftige Unterstützung aus der deutschsprachigen Schweiz. Dort aufgewachsene Menschen nämlich benutzen Wörter wie Trottoir, Stube und Redaktorin, was mich immer zu gar entzückten Jauchzern animiert. Außerdem begnügt sich der Schweizer an sich nicht mit einem l am Ende des Substantivs, sondern hängt an dieses niedliche Wörtchen auch noch allen Ernstes ein i an. Ohne das geringste Bedürfnis, Klischees zu vermeiden, nehmen die Schweizer tatsächlich Wörter wie Zückerli und Löffeli in den Mund. Schwer nachzuvollziehen, aber wahr.

Und mit diesen schrecklichen Verniedlichungsformen kommen wir bei der Sprache meines Asyllandes an: Der Ungar an sich sagt nämlich bocsi statt bocsánat (Entschuldigung), köszi statt köszönöm (danke) und szívi statt szívesen (gern geschehen). Und dann steigert er das Ganze noch mal zu einem köszike oder szívike, was ungefähr »gernchen geschehnchen« heißt und das ungarische Pendant zum deutschen »gerne« ist, das Sekretärinnen immer in einer unerträglichen Tonhöhe ins Telefon zu flöten pflegen. Ich lehne so etwas natürlich strikt ab und beschränke mich auf ein knappes bocs, kösz oder szív.

Mein Widerstand gegen die Versüßungsgewalt hält die Ungarn aber nicht davon ab, ihren Zuckerguss auch auf mich zu tröpfeln, mich zum Beispiel kicsikém zu nennen, mein Kleinchen, etwas als édi, als süßi, zu bezeichnen oder sich am Ende eines Telefonates mit puszika zu verabschieden, was man mit Küsschen übersetzen könnte. Schlimm genug, dass die Ungarn einander bei jeder Gelegenheit auf die Wangen küssen, man muss diese Sitte nicht auch noch in den Sprachgebrauch übernehmen, finde ich. Wenn überhaupt, dann reicht auch ein hingeworfenes pusz.

Daneben erweitert sich mein ungarischer Wortschatz derzeit mit vielen Füllwörtern. Hát dürfte das wichtigste sein. Hát hat keine Bedeutung, wird aber trotzdem ständig verwendet. Im Englischen entspricht diesem hát vielleicht noch das well zu Beginn eines Satzes, das nur darüber hinwegtäuschen soll, dass man noch nicht weiß, was man eigentlich sagen will, oder das ein unbestimmtes »ich weiß es doch auch nicht« einleitet. So ungefähr ist das auch mit hát, wobei es ein bisschen von der Betonung abhängt, wie es gemeint ist. Hát kann durchaus auch abwertend sein. Wer nach einer feurigen Argumentation nur ein hát zu hören bekommt, kann sich sicher sein, dass der andere nicht ganz derselben Meinung ist.

Und mit hát verbinden sich auch ein paar Redewendungen, die einen schönen Einblick in die ungarische Seele bieten. Hát, az élet nem habostorta zum Beispiel, das Leben ist keine Sahnetorte, ist ein Zitat aus dem jahrzehntelang verbotenen, weil systemkritischen Film »A tanú«, »Der Zeuge«, und drückt eine Form der schulterzuckenden Schicksalsergebenheit aus, die typisch ist für die ungarische Mentalität an sich. Hát, ez van, kann man auch sagen: Tja, das ist. Oder besser übersetzt: So ist das nun mal. In Deutschland hört man solche nichtssagenden Gesprächsbeiträge nur von Menschen über sechzig, in Ungarn an jeder Straßenecke.

In diese Kategorie fällt auch das Wort jaj. Das spricht man joi aus, heißt so viel wie oh und wird vor jeden zweiten Satz gestellt: Jaj, wie niedlich. Jaj, wie krass. Jaj, die Welt geht unter. Jaj drückt also entweder eine überschäumende Begeisterung oder ein klagendes Bedauern aus, je nachdem. Und weil die Ungarn aus fast allen Dingen Verben schneidern, haben sie auch ein Verb für jaj: jajgatni, jammern. Komischerweise verbindet man diese Tätigkeit eher mit älteren Tanten, dabei wird eigentlich immer und überall gejajgatet.

Das mit der Verbenbildung scheint überhaupt ein Volkssport zu sein: Aus fast allen simplen Prädikatsverbänden bastelt der Ungar an sich ein Verb, das kein Objekt mehr braucht. Tischtennis spielen zum Beispiel heißt pinpongozni, Gitarre spielen gitározni, Mittag essen ebédelni, Bier trinken sörözni und tojni heißt nicht nur Eier legen, sondern auch, äh, stuhlgangieren. Will heißen: Die Ungarn legen Eier auf dem Klo! Sehr schön.

So weit geht's ja noch, aber dann, dann denken sie sich auch noch ständig Neukreationen von Verben aus. Platz eins geht diesbezüglich immer noch an Flóra, die mal am Telefon erklärt hat, sie lysannozik, sie lysanniert, sie ist also mit Lysann zusammen. Muss man sich mal überlegen:

»Was machst du gerade?«

»Ich lysanniere.«

»Ah.«

Und Zsuzsa spricht immer von angolozni, wenn sie Englisch lernt, dann englischiert sie.

An dieser Stelle muss unbedingt auch erwähnt werden, dass der Ungar magyaráz, wenn er etwas erklärt. Das heißt: Er erklärt nicht, er ungarisiert! »Verstehst du nicht? Ungarisier ich dir.« Ein egozentrisches Volk ist das, unglaublich.

Sollte der Eindruck entstanden sein, dass ich inzwischen Ungarisch kann, dann muss ich dem aufs Entschiedenste widersprechen. Nicht nur deshalb, weil sogar viele Ungarn der festen Überzeugung sind, dass Ausländer dieser Sprache mit all ihren Nuancen niemals mächtig werden können. Sondern auch, weil ich nach wie vor jedes Fettnäpfchen mitnehme, das sich vor mir auftut – oder das mir hinterlistige Zeitgenossen in den Weg stellen.

Opfer einer dieser Fehltritte ist leider einmal mehr die geplagte Imbissfrau in der Redaktion, die Ági und mir unsere szendvicsek (ja, wirklich: szendvics!, nicht etwa sandwich, nein, nein, szendvics!) mit einem verbundenen Handgelenk herüberreicht.

Ich also ganz fürsorglich: »Was ist das denn? Was hast du gemacht?« Und weil ich von irgendwoher sogar das Wort für Gelenk kenne, füge ich noch hinzu: »Tut dein Gelenk weh?« Gelenk heißt csukló, da bin ich mir ziemlich sicher.

Aber Ági beugt sich zu mir rüber und flüstert: »Csikló, nicht csukló!«

Na dann, Ági wird das schon wissen: »Oh, sorry, ich meinte, tut dein csikló weh?«

Betretenes Schweigen seitens der Imbissfrau, eine Antwort bekomme ich nicht. Na, macht nichts, die Frau ist halt ein bisschen launisch, außerdem war das ja sowieso nur der Versuch eines Smalltalks, kein investigatives Interview. Komisch nur, dass Ági die ganze Zeit vor sich hinkichert. Ich brauche Stunden, um herauszubekommen, dass csikló Kitzler heißt. Und bei Gelegenheit werde ich in einen von Ágis Artikeln einen fiesen Fehler reinredigieren.

Das Problem bei solchen Witzen ist ja auch, dass mein Hirn nicht mit zwei ähnlich klingenden Vokabeln konfrontiert werden darf, denn sonst prägt es sich immer beide Versionen ein und kann sich dann nie entscheiden, welches Wort nun eigentlich das richtige ist. Gewissensbisse zum Beispiel heißen auf Ungarisch Seelenkenntniszwicken: lelkiismeret-furdalás, ein Wort, das mich sowieso schon an die Grenzen meiner Merk- und Aussprachefähigkeiten bringt. Ági fand es aber amüsant, mir einzureden, es hieße lelkiismeret-fordulás, Gewissensumkehrung, oder aber noch besser lelkiismeret-forradalom, Gewissensrevolution. Und auch wenn es tröstlich ist, dass sogar ihr Bruder Attila als echter Ungar seit jeher Gewissensumkehrung sagt, wenn er Gewissensbisse meint, so bleibt doch die Tatsache, dass ich das Wort seitdem meiden muss.

Auch Flóra hat es mit so einer Aktion geschafft, mich

dermaßen durcheinanderzubringen, dass ich nicht mehr »Kätzchen« sagen kann, ohne vorher lange nachzudenken, ob ich jetzt die richtige Vokabel erwischt habe. Kätzchen heißt cica, und als Flóra mir dieses Wort beibrachte, fügte sie ergänzend hinzu: »Aber pass auf, dass du cica nicht mit cici verwechselst, das heißt nämlich Brust.« Natürlich mischte ich mich beim nächsten Mal in ein Kneipengespräch zwischen Flóra und einer Freundin mit dem Satz ein: »Jaj ne! A Flóra már megint a cicijéről beszél?« O nein! Redet Flóra schon wieder über ihre Brüste?

Es gibt also noch immer genügend Situationen, die mich komplett überfordern. Und richtig kompliziert wird es, wenn ich mit Ungarisch, Deutsch und Englisch gleichzeitig jonglieren soll. In der Redaktion mit ihren Ungarn, Deutschen, Österreichern, Schotten, Engländern und Kanadiern passiert das aber ganz schnell. Während ich also zwischen den Kollegen und Sprachen hin- und herspringe, scheitere ich manchmal schon allein an dem Buchstaben R, weil meine Zunge nicht mehr weiß, ob sie den jetzt deutsch röcheln, ungarisch rollen oder englisch röhren soll.

Mit Behinderungen muss man offensiv umgehen, denke ich mir und verleihe meinem Englisch kurzerhand einen ungarischen Akzent. Mein Kollege Michael missversteht das aber: »Oh, dein Schottisch klingt schon ziemlich authentisch.« Na, das ist doch schon mal was.

Von Aaron, der seit neuestem für die Fotos in der Redaktion zuständig ist, lerne ich dagegen in erster Linie mal peinlichen Hippie-Hip-Hop-Slang. Ein durchschnittliches Telefonat mit ihm geht so:

»Hey man, whazz up? Keepin' it real?«

»Sure, man.«

»Up for a beer? Scoring chicks?«

»Yeah.«

»Nine? Pool couch?«

»Gonna be there.«

»Grand. Increase da peace.«

»Supersize it.«

Pool couch ist Aaronisch und bezeichnet die Kneipe Pótkulcs. Der gute Mann ist nämlich alles andere als ein Sprachtalent, gleicht seinen ausgesprochen begrenzten ungarischen Wortschatz aber mit viel Charme und der Aaronisierung ungarischer Wörter aus.

Wenn es sein muss, kramt Aaron auch seine zehn Wörter Schuldeutsch raus, zum Beispiel wenn er mit Zsuzsa redet, die kaum Englisch spricht. Ein Gespräch zwischen den beiden läuft dann etwa so ab:

Aaron: »Rózsa Zsuzsa, was geeeeht?« (Das hat er von mir.)

Zsuzsa sieht mich fragend an.

Ich: »Mi a pálya?«

Zsuzsa (zu Aaron): »Nichts Besonderes.«

Aaron sieht mich fragend an.

Ich: »Nothing special.«

Dann treten beide verlegen von einem Bein aufs andere und wenden sich schnell wieder anderen Dingen zu.

Fakt ist, dass mein Englisch sich in eine Richtung entwickelt, die meiner Englischlehrerin wohl die Tränen in die Augen und die Hände auf die Ohren treiben würde. Aber es entwickelt sich wenigstens und das kann ja grundsätzlich nicht schlecht sein. Wenn ich also eine Rangliste erstellen sollte, wo und wie man eine Sprache am besten lernt, würde ich sagen: Platz eins für die Kneipe, Platz zwei für einen lieben Menschen, dann kommt lange nichts und Platz fünfzig geht ans Klassenzimmer.

31. Sommernachtstraum im Hinterhof

Nicht nur bezüglich der Sprachen herrscht Chaos in der Redaktion, auch die Weltanschauungen driften weit auseinander. Allein die verschiedenen religiösen Vorstellungen meiner Kollegen würden andernorts wohl zum Krieg führen: Von Hardcore-Christen und »liberal-orthodoxen« Juden über selbst ernannte Satanisten und halbherzige Buddhisten bis hin zu irgendwie gläubigen Esoterikern und glasklaren Atheisten reicht die Palette. Aber ich habe noch nie erlebt, dass sich zwei Kollegen deswegen ernsthaft in die Haare gekriegt hätten.

Die meisten Ungarn, die ich kennengelernt habe, beschäftigen sich sehr ausführlich mit Mystik. In meinem ganzen Leben habe ich noch nie so viel über Energiefelder, universelle Liebe, schamanische Reisen, Wiedergeburten und Seelenwanderungen gehört wie im vergangenen halben Jahr.

Ich weiß nicht, ob es an den jeweiligen Orten, an meinem Umfeld oder an meinem Alter lag, aber: In Dresden ging es immer nur darum, sich ein Ziel zu setzen und zu erreichen, in Mainz darum, sich mal locker zu machen und aus purer Neugierde vom Weg abzukommen. In Budapest aber geht es weder um Arbeit noch um Vergnügen, sondern immer gleich um das große Ganze, darum, was die Welt im Innersten zusammenhält.

Und bei der Suche nach einer Antwort wandeln die Ungarn auf recht seltsamen Wegen, wie ich finde:

Zsuzsa zum Beispiel hat eine ganz beträchtliche Summe Geld ausgegeben, damit ein Feng-Shui-Experte ihre Wohnung auf Herz und Nieren prüft. Jetzt liegen bei ihr in allen Ecken irgendwelche Wundersteine rum, die die außer Rand und Band geratenen Energieströme wieder ausrichten. Oder so.

Szilvi, eine Kollegin aus der Buchhaltung, lässt alle großen Entscheidungen in ihrem Leben von ihrer pubertären Tochter fällen. »Sie hat eine ältere Seele als ich«, lautet ihre Erklärung. Szilvi war es auch, die mir einmal eine gute Aura bescheinigt hat. Seitdem versuche ich immer, besonders hell zu strahlen, wenn sie in der Nähe ist, damit ihr Bild von mir nicht zerstört wird.

»I ain't got no time for religion or stuff like that. At the end of the day it's just about being fair«, meint Aaron, der mich als Fotograf inzwischen auf die meisten meiner journalistischen Fragestunden begleitet und mit dieser Aussage endgültig mein Herz gewonnen hat. Aaron ist in Großbritannien geboren worden, in Kanada aufgewachsen und in den vergangenen fünf Jahren kreuz und quer durch die Welt gereist.

Die jungen Ungarinnen – »hot chicks with high heel boots!« – sind der Hauptgrund, warum Aaron nach fünf Jahren Rastlosigkeit gerade in Budapest sein neues Zuhause gefunden zu haben glaubt: Blondierte lange Haare, gezupfte und nachgemalte Augenbrauen, zentimeterdickes Make-up, bauchfreies Top, superkurzer Minirock, bereits erwähnte hochhackige Stiefel und Aarons Augen beginnen zu leuchten. Um eine Frau werden er und ich uns sicher nie streiten.

Nach einem Interview sitzen wir in einem schrottigen kleinen Café auf dem Dach der Metro-Haltestelle Moszkva tér, sehen hinunter auf den Feierabendverkehr und beobachten die vorbeilaufenden »hot chicks«. Ich verrate Aaron das Schönheitsrezept ungarischer Frauen, das ich auch neulich erst erfahren habe. Als Vorbereitung auf Ostern meinte meine Ungarisch-lehrerin Erzsi nämlich, mir ein bisschen Landeskunde und in dem Zusammenhang völlig abstruse Vokabeln beibringen zu müssen. So weiß ich jetzt, dass die Frauen in Ungarn zu Ostern gegossen werden, damit sie nicht verwelken. Auf dem Land sollen die Männer dafür eimerweise kaltes Wasser von Tür zu Tür schleppen, in der Stadt wird wohl mehr und mehr auf Parfümflaschen zurückgegriffen.

Als ich mein langes Oster-Wochenende dafür nutzte, einen Abstecher nach Badacsony zum Nordufer des Balatons zu machen, wusste ich also nicht nur die ungarischen Wörter für gießen und verwelken, sondern kannte mich auch schon bestens mit der dazugehörigen Sitte aus. Erzsi hatte aber unrecht. Auch auf dem Land wird inzwischen mit möglichst billigem Parfüm gegossen und das nicht zu knapp: Einen ganzen Tag lang trug ich eine Kombination der ekelhaftesten Düfte auf Erden mit mir herum, die jeden Geruchsrezeptor einzeln beleidigte. Aber was soll's. Wenn's schön macht.

Diese Tradition eignet sich übrigens auch hervorragend dazu, bitterböse Wachhunde außer Gefecht zu setzen. Als ich nämlich nach der Besteigung eines ehemaligen Vulkans in der Pension ankam, starrte mich das wilde Tier nur wie hypnotisiert an, statt mich sofort aufzufressen.

Die Herbergsmutti aber ließ sich von meinem Gestank nicht abhalten und kam sofort aus ihrer Wohnung gerannt: »Ach, da bist du ja endlich. Wir haben uns schon Sorgen gemacht. Hast du schon was gegessen? Komm, ich koch dir schnell was.«

Wie bei Muttern, großartig. Und zum Essen gab's auch noch selbst angebauten und gekelterten Wein.

An meinem letzten Tag verließ ich die Pension ganz früh am Morgen, lief ohne Schuhe über taufrisches Gras an Krokussen und Schneeglöckchen vorbei, zerquetschte auf einem Feld Lehmklumpen zwischen meinen Zehen, setzte mich schließlich auf einen Steg und hielt meine Füße in den eiskalten Balaton, während die Sonne langsam zwischen Nebelschwaden aufging. In einem pseudo-lyrischen Buch über Wein habe ich mal gelesen: »Der einfache Augenblick wird dadurch feierlich, dass wir ihn wahrnehmen.« Ich glaube, das war so ein Augenblick.

Aber auch in Budapest riecht es mehr und mehr nach Sommer. Also nicht wirklich. Eigentlich riecht es hier immer noch vorwiegend nach Staub, Hundekot und Abgasen. Trotzdem durchläuft die Stadt gerade eine Wandlung: Der Intellektuellen-Kaffee wird im Freien serviert, Konzerte finden auf Wiesen statt, Bier gibt es in Parks, Cocktails auf dem Deck des Kulturschiffs A38 und die Gesichter der meisten Budapester ziert ein echtes warmes Lächeln.

Der Hauptgrund aber, warum ich diese Stadt nicht mehr einfach nur sympathisch finde, sondern mich regelrecht in sie verliebt habe, sind die Hinterhofkneipen, die jedes Jahr nach Ostern eröffnen. Attila hat mir die Geschichte dieser kertek, Gärten, erzählt:

Begonnen hat alles vor drei Jahren, als in einer alten Ruine eine Kneipe eröffnet wurde – ohne Erlaubnis und deshalb nur mit provisorischem Charakter. Junge Künstler hängten ihre Werke an die abrissreifen Wände, auf einer kleinen Bühne spielten Nachwuchsbands und aus dem Zapfhahn strömte billiges Bier. Nach wenigen Wochen musste die Kneipe wieder schließen.

Im Jahr darauf sprangen schon einige junge Veranstalter mehr auf den Zug auf, aber noch immer spielte sich alles im illegalen Bereich, in Abbruchhäusern und verlassenen Fabriken ab. Deshalb gab es auch offiziell keine Werbung für die Gärten, keine Flyer, keine Website, nicht mal Hinweisschilder an den Hauseingängen. Wer eine dieser Kneipen finden wollte, musste jemanden kennen, der schon einmal da war und ihn hinführte. Mit Beginn des Herbsts war der Sommernachtstraum aber ausgeträumt: Die Läden wurden geräumt und geschlossen, um ein Jahr später in einem anderen Hof wiederaufzuerstehen.

Inzwischen gibt es zahlreiche dieser Hinterhofkneipen, einige haben Mietverträge für einen einzigen Sommer, andere überwintern sogar, indem sie für die kalten Monate Dächer und Heizpilze besorgt haben. Aber der provisorische Charakter ist geblieben: Man sieht, dass es an Geld fehlt beziehungsweise dass sich eine richtige Investition einfach nicht lohnt. Die Einrichtung ist komplett zusammengewürfelt. An Tischen vom Sperrmüll stehen alte Gartenstühle, an den unverputzten Mauern und den Ästen einzelner Bäume hängen selbst gebastelte Lampions und der DJ legt Platten auf, als ob es das letzte Mal in seinem Leben wäre. Man muss sich einfach verlieben in diese schmuddelige Atmosphäre.

32. Schwebedeckel auf der Margareteninsel

Aber es gibt auch gesündere Orte in Budapest, um den Sommer zu begrüßen: die Margareteninsel in der Donau zum Beispiel, die mehr und mehr zu meinem zweiten Wohnzimmer avanciert. Dort gehe ich jede Woche mit Ildi schwimmen, weil sie glaubt, mich darauf vorbereiten zu müssen, dass wir in wenigen Wochen den Balaton durchschwimmen wollen. Während sie immer strebsam ihre Bahnen zurücklegt, drehe ich mich lieber auf den Rücken und sehe den Wolken dabei zu, wie sie von einem Ende des Himmels zum anderen ziehen.

Auf einer der vielen großen Wiesen der Margareteninsel spielen ein paar Freunde und ich nachmittags auch gelegentlich Fußball. Das heißt: Sie spielen Fußball, ich spiele Memme. Meine Strategie habe ich mir bei den Profikickern abgeguckt: Ich stolpere mit Absicht über den Ball, lasse mich theatralisch ins Gras fallen, halte mir mit tapfer zusammengekniffenen Lippen das Schienbein, flüstere heiser »Auszeit«, werde fürsorglich an den Rand des Spielfelds gehievt und darf dann dort liegen bleiben.

Zudem wird hier heftig gejoggt – und das sogar sehr professionell auf einer speziell beschichteten und gelenkschonenden Laufbahn. Aber sowohl Flóra als auch Ági haben mich bereits als Laufpartnerin abgeschrieben. Der Grund dafür ist, dass ich bei jeder Gelegenheit stehen bleibe, die Hände in die Hüfte stemme und so Bemerkungen von mir gebe wie: »Ach, ist das schön hier.« Diese Verweigerungstaktik habe ich von meiner Mutter übernommen, die unsere Familienausflüge damit immer um Stunden in die Länge gezogen hat.

Man kann also auf der Margareteninsel Sport treiben, man muss aber nicht. Im Schatten rumliegen und andere Menschen anfeuern geht auch. Trotzdem bin ich irgendwie auf den Gedanken gekommen, dass man einen Schwebedeckel bräuchte. Das ist Ostdeutsch und heißt so viel wie Frisbee. Und wahrscheinlich habe ich diese absurde Idee auch nur deswegen laut ausgesprochen, damit alle Menschen in meiner näheren Umgebung mit dem Wort »Schwebedeckel« konfrontiert werden, es auswendig lernen und für immer und ewig benutzen.

Leider hat aber niemand einen Schwebedeckel, sodass das Wort schon wieder vom Aussterben bedroht ist. Aber da kommt die deutsche Telekom ins Spiel. Die hat nämlich schon vor einer ganzen Weile den ungarischen Mobilfunkanbieter Westel aufgekauft und tauft ihn jetzt aus Gründen der Corporate Identity in T-Mobile um. Auch ich und mein grobmaschiges Mobilfunknetz gehören zum Verein und ich weiß ehrlich gesagt nicht, welchen Markennamen ich in meiner Eigenschaft als Kundin schlimmer finde: Westel oder T-Mobile. Aber mich fragt eh niemand nach meiner Meinung. Stattdessen lädt mich der Konzern zu Brot und Spielen ein – mich und den Rest des gemeinen Volkes.

Auf dem Felvonulási tér, dem Aufmarschplatz neben dem Heldenplatz am Rand des Stadtwäldchens, sind vor der Wende an entsprechenden Feiertagen alle Budapester mit roten Nelken und Winkelementen am Zentralkomitee der Ungarischen Sozialistischen Arbeiterpartei vorbeigelaufen. Die Zeiten sind vorbei. Jetzt flanieren hier eine halbe Million befreite Ungarn und lassen sich von der Telekom beschallen.

Aufgetischt werden Antipasti in Form von aktuellen Größen des ungarischen Musikgeschäfts, dann als Pasta eine recht langweilige Suzanne Vega und schließlich Sting als Fleischgericht. »Be yourself, no matter what they say«, singt er und alle singen mit.

Später erzählt er uns, dass Musik die schönste Form von Kommunikation ist. Genau, und Mobilfunkgespräche mit dem richtigen Anbieter sind sicher die zweitschönste Form von Kommunikation. Es wundert mich, dass der Mann nicht auch noch ein magentafarbenes Leiberl trägt.

Zum Nachtisch gibt's ein Feuerwerk und als Symbol für beglückende Kommunikation auch noch Schwebedeckel. Toll. T-Mobile verschenkt Schwebedeckel und alle bekommen einen ab. Ich auch. »Mit dir ist die Welt besser«, steht da drauf. Das freut mich. Dabei ist der Slogan mal wieder ein Beispiel für den kranken Satzaufbau im Ungarischen. Hier heißt der nämlich wortwörtlich übersetzt: »Besser mit dir die Welt.« Eine Logik, die sich meinem Verständnis leider völlig entzieht. Wenigstens treffe ich in der U-Bahn Gunnar, der seiner Eigenschaft als einzig wahrer Mentor alle Ehre macht und mir zuruft: »Mit dir ist die Metro voller!«

Beim nächsten Treffen auf der Margareteninsel jedenfalls habe ich meinen magentafarbenen Schwebedeckel dabei, schichte alle verfügbaren Nahrungsmittel darauf und benutze ihn als Teller. Picknick mit T-Mobile. Später auch Besäufnis mit T-Mobile. So ein Schwebedeckel eignet sich nämlich auch mittelgut als Glas, besser jedenfalls als das leere Saure-Gurken-Glas, das Flóra in ein Sektglas umfunktioniert hat. Ági probiert derweil einen Trick aus, der gegen alkoholbedingten Schluckauf helfen soll: Sie flößt sich kopfüber Wasser ein. Soll mir egal sein. Ich habe meinen Schwebedeckel. Endlich. Danke, T-Mobile.

33. Ungarisches Meer bezwingen

Ach herrje, was habe ich denn da in einem Anfall von Größenwahn schon wieder versprochen? Den Balaton durchschwimmen? Ich? Ildi hat mir irgendwann im Winter erzählt, dass alljährlich Hunderte Ungarn von einem Ufer ihres geliebtes Meeres zum anderen schwimmen. Warum sie das machen, ist nicht ganz klar. Klar ist aber, dass ich im Winter gesagt habe: »Der Balaton? Ha! Lächerlich! Mit links durchschwimm ich den.« Und aus dieser Ansage ohne Gesichtsverlust wieder herauszukommen, ist de facto nicht möglich. Da muss ich jetzt wohl durch.

Wer Meere bezwingen will, darf nicht zögern, sage ich mir, er darf aber eine Riesenaktion daraus machen. Also rühre ich die Werbetrommel für mich und mein Unterfangen und lasse bei jeder Gelegenheit den Nebensatz »... falls ich nicht im Balaton ertrinke« einfließen. Jedes Thema, jede Idee, jeden Plan schränke ich seit Wochen vorsorglich mit dieser Bedingung ein. Wenn schon Sport, dann will ich dafür aber auch ordentlich gefeiert werden. Die anderen spielen netterweise mit, wie sich zeigt.

Am Tag vor der Heldentat trage ich allen vor, dass sich in meinem Nacken- und Schulterbereich ein ganz, ganz fieser Muskelkater breitmacht. Dass dieser entweder vom Tischfußballspielen oder vom Headbangen stammt, muss ja keiner wissen. Wie geplant beißen die Kollegen und Freunde auch an. Exemplarisch mag Ági herhalten, die mich am Morgen des großen Tages noch anruft und sagt:

»Tu's nicht! Du hängst doch an deinem Leben!«

»Ein Mann muss tun, was ein Mann tun muss.«

»Aber du bist kein Mann! Außerdem ist dieser Spruch total bescheuert. Du musst das nicht tun!«

»Doch, doch. Ein echter Mann steht zu seinem Wort. Ich rufe dich danach an – falls ich nicht im Balaton ertrinke.«

Nach diesem Telefonat besuche ich Ildi und ihren Freund Péter, die Tortilla zubereitet haben. Keine Ahnung, ob das als Sportlerfrühstück durchgeht, aber es schmeckt zumindest sehr gut. Danach fahren wir nach Révfülöp und stellen dort fest: Oijoi, der Winter ist zurückgekommen. Es ist kalt am Balaton. Aber kein Ding: Was uns nicht umbringt, macht uns stärker.

Bei der Anmeldung wird jeder einer ärztlichen Untersuchung unterzogen. Soweit ich verstanden habe, bin ich gesund. Im Anschluss ziehen sich die Teilnehmer nicht nur ihren feschen Badedress an, sondern erwärmen auch ihre Glieder und schmieren sich außerdem noch am ganzen Körper mit Vaseline ein. Ich finde das zwar übertrieben, aber gut, mache ich mal mit. Die anderen werden schon wissen, wofür das gut ist.

Dann der Start: Ich setze meine Chlorbrille auf und hopse guter Dinge rein in die flache Pfütze. Scheiße, ist das kalt. Nach wenigen Metern sind meine Füße und Hände Eisklumpen und meine Kopfhaut erschaudert jedes Mal, wenn sie mit dem Wasser in Berührung kommt, also jedes Mal, wenn ich meine Atemluft dem ungarischen Meer anvertraue. Hilfe! Ich werde nicht ertrinken, sondern erfrieren!

Da gibt's nur eins: Augen zu und durch. Zu sehen gibt's in der flachen Dreckbrühe sowieso nicht viel.

Also einfach stur drauflosschwimmen. Eins, zwei, eins, zwei, einatmen, ausatmen, und irgendwann werde ich ankommen und grazil wie eine Meerjungfrau den Fluten entsteigen. Ruhm und Ehre werden auf mich herabregnen, vermischt mit Konfetti und Luftschlangen. Großartig wird das.

Wie weit ist es eigentlich noch? Kopf aus dem Wasser halten, Brille absetzen und die Lage peilen. Oh, die Gesichtszüge der Menschen am Ufer hinter mir sind ja alle noch klar zu erkennen. Und das Ufer vor mir ist ein grüner Hügel mit dunklen Punkten, die eventuell Häuser sein könnten. Schnell wieder die Brille aufsetzen.

Rechts neben mir ankert in einer Reihe ein Boot neben dem anderen. Da können Memmen eine Pause einlegen – oder gleich ganz aufgeben. Die Bootsinhaber ziehen sie dann an Bord und die nächste Fähre nimmt sie mit bis zum Ufer. Bloß nicht darüber nachdenken. Was für eine Schmach muss das denn sein? Nein, nein, unsereins hält durch. Ich habe schließlich einen Ruf zu verlieren.

Meine Hände sehen ja schon ganz schrumplig aus. Wie lange dauert es eigentlich, bis die Haut sich abpellt? Mann, ist das noch weit. Und mir ist kalt. Und langweilig. Gibt es eigentlich schon wasserdichte Kopfhörer mit Musik drin? Welches Lied würde denn jetzt passen? »My Bonnie Lies Over The Ocean«? Oder besser »Baby, It's Cold Outside«? »My Heart Will Go On« vielleicht? Bloß das nicht.

Während mein Kopfradio anspringt, ich lautlos vor mich hinsinge und im Takt die Arme vorstoße und zurückziehe, fällt mir auf der linken Seite eine Boje mit einer Zahl auf: Zwei. Hmm. Zwei. Ja klar! Das ist die Zwei-Kilometer-Marke! Die haben hier aber auch an alles gedacht. Respekt. Moment mal: Soll das etwa heißen, ich habe schon 2 von 5,2 Kilometern geschafft? Dann hab ich ja schon fast die Hälfte hinter mir! Yes! Also weiter, weit ausholen und tief eintauchen. Je schneller ich hier durchkomme, umso schneller wird mich die Sonne trocknen und wärmen.

Irgendwann fange ich an, imaginäre Wettkämpfe auszutragen und meinen jeweiligen Vordermann einzuholen. Mit einem verbissenen »Dich krieg ich auch noch!« im Kopf und sehr wahrscheinlich auch in der Mimik jage ich einen unschuldigen Mitschwimmer nach dem anderen. Ältere Herrschaften sind dabei, stark übergewichtige Mitmenschen und sogar Kinder. Wenn die das schaffen, dann schaffe ich das schon lange – und zwar noch viel schneller. Dass in mir eine Art Sportsgeist schlummert, ist eine völlig neue Erkenntnis für mich und eine äußerst beängstigende noch dazu.

Die Blase fängt an zu drücken. Das ist doch jetzt nicht wahr hier. Das geht jetzt nicht, Blase, halt durch! Wir haben es bald geschafft. Kilometer drei. Mist. Fast noch mal so viel. Um mich abzulenken, kalkuliere ich meine durchschnittliche Schwimmgeschwindigkeit im Freibad und rechne sie auf 5,2 Kilometer hoch – was ziemlich lange dauert, aber ich habe sowieso nichts anderes zu tun. Das Ergebnis ist nicht gerade ermutigend: Demnach werde ich mindestens vier Stunden in diesem Eiswasser verbringen. O Gott.

Immer wieder kommen kalte Ströme, manchmal ist das Wasser aber auch angenehm warm – zumindest an der Oberfläche. Und jedes Mal, wenn meine Nase kurz aus dem Wasser lugt, um Luft zu holen, strömen andere Gerüche auf mich ein: Benzin von den Booten neben mir, Sonnencreme, Duschgel. Halluzinationen oder geschärfte Sinne? Keine Ahnung. Weiterschwimmen. Eins, zwei, eins, zwei.

Kilometer vier. Warum mache ich das alles eigentlich hier? Ich schwimme ohne ersichtlichen Grund von einem Balatonufer ans andere! Es ist ja nicht so, dass ich mit dieser Frage zum ersten Mal konfrontiert werde. Bislang war immer das Totschlag-Argument »persönliche Herausforderung« meine Antwort, aber warum kann meine persönliche Herausforderung nicht darin bestehen herauszubekommen, wie viele Stunden der durchschnittliche Mitteleuropäer am Stück schlafen kann?

Ich bin ein Mensch. Menschen haben weder Flossen noch Kiemen. Menschen sind Landbewohner, die schwimmen nicht. Meine Vorfahren sind damals nicht aus dem Wasser ans Land gekommen, haben Beine, Hände und eine Lunge entwickelt, damit ich jetzt wieder zum Goldfisch mutiere. Franziska van Almsick, was für einen sinnlosen Job hast du eigentlich? Hast du dir darüber mal Gedanken gemacht? Nee, ne? Du bist immer nur geschwommen. Ohne Sinn und Verstand. Genau wie ich jetzt. Einatmen, ausatmen, ein Zug, noch ein Zug, und – noch ein Zug.

Den Typen da vorn nehme ich mir als Nächstes vor. Das wäre doch gelacht, wenn ich den nicht auch noch einhole. Mir egal, dass der ein Kreuz hat wie die legendären osteuropäischen Weltklasse-Schwimmerinnen. Den krieg ich. Meine Arme schmerzen, die Innenseiten der Knie auch.

»Herrgott, jetzt komm mal runter. Alles, was wir hier machen, ist ein bisschen zu schwimmen. Mehr nicht. Kein Grund zu jammern«, sagt mein Hirn.

»Aber es tut weh«, wehklagt der Körper.

»Gut, dann wird jetzt gekrault, damit du merkst, was Anstrengung ist«, diktiert das Hirn.

Rede ich eigentlich gerade mit meinem Körper?

Kilometer fünf. Ja! Nur noch zweihundert Meter!

Jetzt ansetzen zum Endspurt. Eins, zwei, eins, zwei – oh, da ist ja schon Boden unter den Füßen! Durchs Wasser laufen, unwürdig planschende Touristen ignorieren, über den Strand rennen bis zum Ziel. Zwei Stunden zweiundfünfzig Minuten. Geschafft. Yes! Geschafft!

Und jetzt sofort zurückschwimmen! Wäre im Grunde kein Problem. Aber vielleicht doch erst mal was essen und trinken: Es gibt heißen Tee, Traubenzucker, Bananen und Müsliriegel. Ich stopfe alles sinnlos in mich rein und begrüße Ildi und Péter, die nur zwei Stunden gebraucht haben, weil ihnen so kalt war.

Gemeinsam verleiben wir uns Maiskolben und Hot Dogs ein. Mein Kopf glüht. Ich hab mir das Gesicht und den Rücken verbrannt, was angesichts der Wassertemperaturen ein zynischer Witz ist. Irgendjemand erzählt, dass zwei Menschen gestorben sind: Ein Vierundvierzigjähriger ist zu einem der Boote geschwommen, weil ihm schlecht war. An Land fiel er tot um. Einfach so. Ein anderer ist im erhitzten Zustand von einem Boot ins kalte Wasser gesprungen. Herzinfarkt. Noch mal Glück gehabt, würde ich sagen.

Wir entern die Fähre, fahren zurück zum Startpunkt und gehen in ein Restaurant mit grandiosem Panoramablick über die höhnisch seicht schimmernde Pfütze und einen spektakulären Sonnenuntergang. Hier scheinen ausschließlich deutsche Touristen zu verkehren. Ich rede ab sofort nur noch Ungarisch mit Ildi und Péter und gleichzeitig merke ich: Ich kann meine Arme nicht mehr bewegen. Da hängen Gewichte dran. Vielleicht hätte ich den Rückweg ja doch nicht mehr schwimmend geschafft.

Nachts liege ich im Bett wie ein strammstehender Soldat oder eine Leiche im Sarg: die Arme exakt parallel links und rechts neben dem Körper. Bloß nicht umdrehen, bloß nicht bewegen. Aber das alberne Lächeln in meinem Gesicht will trotzdem nicht verschwinden: Ich hab's geschafft! Ich lebe noch! Ach was, ich lebe hoch! Ich bin eine Heldin, eine Meeresbezwingerin – auch wenn es vorerst nur das ungarische Meer war.

»War schön, für euch zu spielen«, würde Peter Maffay jetzt in seiner unnachahmlichen Art sagen. Ich möchte dem hinzufügen: Der Ozean kommt morgen dran.

34. Hupen verboten in Rumänien

»Weißt du übrigens, wer ebenso wie du in Braşov geboren wurde? Peter Maffay!«, schreibe ich eines Tages begeistert in einer E-Mail an Karina, die ich aus guten Mainzer Studententagen kenne.

Ihre Antwort lässt keine Widerrede zu: »Dann wird es Zeit, dass du diesen heiligen Ort mal kennenlernst. Ich komme zu dir und dann fahren wir zusammen kreuz und quer durch Rumänien bis nach Braşov.«

Ich übernehme aus logistischen Gründen den Kauf der Bustickets nach Cluj-Napoca, dem Startpunkt unserer Rundreise durch Karinas Heimatland. Einfacher gesagt als getan. Am Schalter sitzt mir nämlich eine recht unkooperative Dame gegenüber.

»Guten Tag, zwei Karten nach Cluj-Napoca, bitte.«

»Wohin?«

»Cluj-Napoca.«

»Kenn ich nicht.«

»Ist in Rumänien.«

»Ach, und wie heißt die Stadt auf Ungarisch?«

»Keine Ahnung.«

»Dann kann ich Ihnen nicht weiterhelfen.«

»Aha, vielen Dank.«

Nach einem Telefonat mit Ági weiß ich Bescheid und stehe wieder vor dem Schalter.

»Kolozsvár heißt die Stadt. Und ich hätte gern zwei Bustickets.«

»Die verkaufen wir hier nicht.«

»Aha. Und wo kann ich Fahrkarten nach Cluj …
nach Kolozsvár kaufen?«

»Beim Busfahrer.«

»Danke schön.«

Das kann ja heiter werden.

Karina, die zur Hälfte Rumänin und zur Hälfte Sie-
benbürgensächsin ist, erzähle ich mal lieber nichts
von diesem Gespräch. Nicht dass sie aus politischen
Gründen noch unseren Urlaub absagt.

Ahnungslos kommt Karina am Budapester Flughafen
an, wir legen den einstündigen Weg in die Innenstadt
an verfallenen Häusern und heruntergekommenen
U-Bahn-Stationen vorbei mit öffentlichen Verkehrs-
mitteln zurück und treffen Ági auf ein Bier.

»Nach Rumänien wollt ihr? Da leben doch nur Zigeuner!«, haut das ungarische Empfangskomitee raus
und der rumänische Staatsgast guckt leicht pikiert.

»Das meint sie nicht so«, versuche ich mich schnell
in interkultureller Verständigung.

Am nächsten Morgen fahren Karina und ich erneut
zum Busbahnhof. Inzwischen kenne ich mich aus: »Wo
fährt der Bus nach Kolozsvár ab?«

Wir finden den Mini-Bus und den Fahrer, kaufen unsere Tickets und fahren der Sonne entgegen, die auch
heute wieder im Osten aufgeht.

»Wäre die Sonne ein Rockstar, könnte man ihr vor-
werfen, seit Jahrmillionen tagtäglich ein und dieselbe
Platte herauszubringen«, philosophiere ich weise vor
mich hin.

»Ja, Mann, Sonne ist langweilig«, stimmt Karina mir
gähnend zu und schläft ein.

Weil ich mich ja durchaus als Bildungsreisende verstehe, nehme ich Karina ihren Reiseführer weg und
mache mich mal schlau über dieses Land. Nachdem

sie wieder aufgewacht ist, begrüße ich sie mit stolz geschwellter Brust und dem ersten Satz, den ich auf Rumänisch sagen kann: »Claxonare interzisâ!« Das heißt »Hupen verboten«. Sie schraubt ein bisschen an meiner Aussprache rum, scheint ansonsten aber sehr zufrieden mit mir zu sein.

Der Bus setzt uns in Cluj-Napoca ab und wir fahren zu Karinas Tante, die am Rande der Stadt wohnt.

»Hupen verboten«, begrüße ich die Tante, den Onkel, einen Cousin und dessen Ehefrau, die sich allesamt in einem schmalen Korridor drängen und gleichzeitig versuchen, uns die Hand zu schütteln, zu umarmen und die Taschen abzunehmen.

Es stellt sich heraus, dass Karinas Tante ein bisschen Ungarisch spricht, dass ihr Onkel fast nie redet und dass das junge Ehepaar des Englischen mächtig ist. Kommunikation geklärt, sehr schön.

Aber natürlich unterhalten sich die fünf untereinander nur auf Rumänisch. Ich spreche mich gelegentlich gegen die Unsitte des Hupens aus und widme mich ansonsten schweigend der vorzüglichen Krautroulade, die Karinas Tante aufgetischt hat. Bislang dachte ich ja, das sei das ungarische Nationalgericht, aber diese Vermutung äußere ich mal lieber nicht laut. Zwischen Ungarn und Rumänen besteht nicht gerade eine innige Freundschaft. Die Ungarn regen sich darüber auf, dass seit Trianon ein Teil ihres Landes zu Rumänien gehört. Und die Rumänen regen sich darüber auf, dass die Ungarn sich immer noch darüber aufregen.

Bei einem Spaziergang mit Karinas Cousin und seiner Frau spreche ich das Thema mal vorsichtig an:

»Wie ist das denn jetzt mit den Ungarn und euch?«

»Ach, das ist mehr ein aufgebauschtes Politikum als

ein Thema, das die Menschen hier wirklich interessiert. Ich hab nichts gegen die Ungarn, die hier leben.«

»Hast du ungarische Freunde?«

»Nein.«

»Warum denn nicht?«

»Ich kann kein Ungarisch und die können kein Rumänisch.«

»Aha.«

Ich weiß nicht genau, wie Karinas Tante und ihr Onkel das in der kleinen Wohnung geschafft haben, aber irgendwie kommen Karina und ich später in den Genuss, zwei getrennte Gästezimmer bewohnen zu können. Auch ansonsten konzentriert sich das Leben der Gastgeber ausschließlich auf uns und unser Wohlergehen: Ständig wird gekocht, gebacken und ein Programmpunkt nach dem anderen vorgeschlagen. Rundum-die-Uhr-Betreuung. Sehr angenehm.

Nach zwei Tagen kenne ich auch die rumänischen Wörter für »groß« und »gut«, kann also Karinas Tante versichern, dass ihr Essen wirklich »groß gut« und dass Hupen im Übrigen verboten ist. Trotzdem finden Karina und ich, dass die Zeit reif ist, um zu Selbstversorgern zu werden. Wir verabschieden uns also von unseren Gastgebern und bekommen noch literweise Wasser aus einer heiligen Quelle sowie tütenweise selbstgepflückte Pfefferminzblätter für Tee mit auf den Weg. Verdursten werden wir in den nächsten Tagen also sicher nicht.

Am Bahnhof kaufen wir noch feste Nahrungsmittel, was allerdings mit einer beträchtlichen arithmetischen Herausforderung verbunden ist, denn der Umrechnungskurs zwischen Lei, Forint und Euro ist uns überhaupt nicht klar.

»Was wird'n so'n Keks kosten?«, fragt die Original-Rumänin.

»Keine Ahnung, eine Million wäre vielleicht ein bisschen viel«, antwortet die Ortsunkundige.

Deshalb behandelt Karina das Thema mal mit dem Bescheid wissenden Verkäufer. Der muss auch denken, er ist im falschen Film: Akzentfrei Rumänisch sprechende Frau fragt nach dem Preis für »so'n Keks« und wühlt im Anschluss orientierungslos zwischen ihren Geldscheinen rum.

Einige Stunden später passiert unser Zug das Ortsschild von Karinas Geburtsstadt, das wie viele andere rumänische Ortsschilder auch in gleich drei Sprachen verfasst ist: Auf Rumänisch heißt die Stadt Braşov, auf Ungarisch Brassó und auf Deutsch Kronstadt. Wenn Karina und ich in den kommenden Tagen Ortsansässige kennenlernen, können wir uns also aussuchen, in welcher Sprache wir dilettieren.

Karina spricht dank meiner didaktischen Fähigkeiten inzwischen fließend Ungarisch. Na ja, sie kann fließend »Noch ein Bier, bitte« sagen sowie »Ich bin Karina und ein Held« oder wahlweise »Ich bin Karina und ein Witzbold«. Muss sie aber gar nicht: In einem Lokal bestellt erst sie auf Rumänisch, die nächste Runde bestelle ich auf Ungarisch und beim dritten Mal spricht der Kellner von sich aus Deutsch mit uns.

Selbstverständlich besichtigen wir das Haus, in dem Karina geboren wurde, und die Kirche, in der sie getauft wurde. Außerdem planen wir einen Ausflug in die Karpaten, die hier gleich um die Ecke sind. Die Anfahrt stellt sich allerdings als langwierig heraus und das liegt nicht nur an unserer schlechten logistischen Planung, sondern vor allem am rumänischen Nahverkehrssystem, das noch undurchschaubarer ist als das ungarische. Drei Züge verpassen wir: den ersten, weil wir zu spät kommen, den zweiten, weil er voll ist, und den dritten, weil er an einem anderen Gleis abfährt, als ausgeschildert war. Rumänische Bahnhofstoiletten sind zwar schlicht unzumutbar, die Karpaten sind dafür aber ausgesprochen ansehnlich.

Nach dem Wandertag wird es Zeit für »krasses Dorfzeugs«, wie Karina das ausdrückt. Sie meint Pflanzen damit. Und Tiere.

Also ziehen wir per Nachtzug weiter Richtung ungarische Grenze, in ein Dorf nahe Oradea, wo ihr Onkel und seine Frau auf uns warten. Karinas Onkel ist Rumäne, seine Frau Ungarin. Miteinander sprechen sie Ungarisch, denn die Frau hat nie Rumänisch gelernt.

»Warum eigentlich nicht? Du bist doch in Rumänien geboren worden«, frage ich sie gleich am ersten Abend.

»Damals gab es aber hier nur ungarische Schulen.«

»Und seitdem?«

»Tja, seitdem musste ich nie Rumänisch lernen.«

Damit hat sie allerdings recht. Das gesamte Dorf unterhält sich auf Ungarisch, kaum jemand kann Rumänisch, was Karina an den Rand der Verzweiflung treibt: »Ich bin in meinem eigenen Heimatland und kann mich nicht verständigen! Vielleicht sind wir ja in Ungarn, nur auf der falschen Seite der Grenze?«

Um sie zu besänftigen, bringe ich ihr noch ein paar ungarische Floskeln bei. Eine ist geradezu lebensnotwendig: »Das war sehr lecker, aber ich bin voll.« Diesen Satz braucht sie, will sie dem Tod durch Überfressen entgehen. Alle fünf Minuten fragt Karinas Tante nämlich, ob wir vielleicht Hunger haben oder ob wir wirklich schon satt sind.

Eines Morgens ist Karinas Schneeschuh voll, wie der Ungar sagt, wenn er meint, dass jemand die Nase voll hat. Dabei sind weder Karinas Schneeschuhe noch ihre Nase voll, sondern ihr Bauch. Sie weigert sich deshalb, das Frühstück, bestehend aus Schinken, Speck und Pálinka, zu sich zu nehmen, und löst damit eine richtiggehende Familienkrise aus. Ihre Tante kennt den gesamten Vormittag über nur noch einen Satz: »Du musst essen, sonst wirst du krank.« Es hilft nichts, dass ich Karinas Frühstücksstreik nicht nur gebrochen, sondern mein Soll auch noch übererfüllt habe. Karina hat nicht gefrühstückt und das ist nicht gesund.

Karinas Tante steht kurz vor dem Nervenzusammenbruch, als wir bei ihrer Tochter ankommen, deren Mittagessen ein wenig auf sich warten lässt.

»Karina hat nicht gefrühstückt«, informiert sie ihre Tochter mit fassungslosem Gesichtsausdruck.

»Karina, hast du Hunger?«, fragt diese.

Karina verneint.

Aber das Kind hat nicht gefrühstückt! Und das Mittagessen verspätet sich! Sie wird krank! Drei Stunden später beruhigt sich die Tante wieder, denn der bográcspörkölt, der Kesselgulasch, steht endlich auf dem Tisch.

Auch das ist ein Gericht, das ich schon aus Ungarn, also von der anderen Seite der Grenze kenne. Zuständig für die heilige Prozedur der Herstellung ist stets der Mann der Familie. Er schürt ein Feuerchen im Garten, hängt einen Kessel drüber und gibt alle Zutaten hinein. Dann rührt er. Stochert im Feuer rum. Rührt. Riecht. Stochert. Rührt. Anderer Völker Männer wenden schnöde Würstchen auf dem Grill, der ungarische Mann (auch der in Rumänien) rührt andächtig im Kessel. Und dabei macht er ein dermaßen konzentriertes Gesicht, als hinge die Zukunft der Menschheit von seinem Gerühre ab.

Die Betreuung solch eines Kesselgulaschs ist eine sehr ehrenwerte Aufgabe und eine sehr langwierige noch dazu: Zwei bis vier Stunden braucht das scharfe Gericht, bis es fertig ist. Dabei kann schon mal ein Nachmittag draufgehen. Und Karina hat nicht gefrühstückt! Achtung! Krankheit im Verzug!

Die Tochter von Karinas Tante spricht übrigens sowohl Ungarisch als auch Rumänisch. Deren Tochter aber lernt wieder nur Ungarisch.

»Warum das denn? Wir sind doch hier in Rumänien«, frage ich.

»Die Zukunft liegt im Westen und das ist von hier aus nun mal Ungarn«, erklärt sie mir.

Eine ähnlich himmelsrichtungsorientierte Anschauung vertritt auch Karinas rumänischer Onkel. Jedes Mal, wenn wir an einem verfallenen Haus vorbeifahren, meint er: »Das ist typisch Rumänien.« Ein saniertes Gebäude kommentiert er mit: »Da wohnt sicher ein Ungar.« Und zu einem protzigen Neubau sagt er: »Das könnte auch in Deutschland stehen.«

Überhaupt scheint er leicht übertriebene Vorstellungen von Deutschland zu haben. »Wie viel verdienen deine Eltern?«, fragt er mich geradeheraus.

»Ich weiß es nicht, aber so viel nun auch wieder nicht«, antworte ich wahrheitsgemäß und sehe ihm an, dass er mir kein Wort glaubt.

Dabei brauchen der Onkel und seine frühstücksfixierte Frau auch gar nicht viel Geld zum Leben, denn sie haben einen riesigen Garten und viele Haustiere. Weder Fleisch, Gemüse noch Brot müssen sie kaufen, und auch keinen Wein, Schnaps oder Honig. Alles da, alles selbstgemacht, alles schmackhaft. Und den Verdauungsschlaf verbringen Karina und ich erneut in getrennten Gästezimmern, während das Ehepaar sich mit der Küche begnügt. Es hat keinen Sinn, dagegen zu protestieren, meint Karina, die Verteilung der Betten wird sich dadurch nicht ändern.

Krasses Dorfzeugs hin oder her, irgendwann müssen wir nach Hause. Bei der Abreise gibt es noch mal Diskussionen: Karinas Onkel und seine Frau wollen uns unbedingt mit zehn Kilogramm Honig und zwei Liter Pálinka beladen. Wir verweisen auf unsere Rucksäcke, Karina sagt »Ich bin voll«, ich sage »Hupen verboten« und wir bekommen nur zwei Kilo Honig und einen Liter Pálinka.

Beim Abschied wischt sich Karinas Onkel verstohlen eine Träne aus dem Augenwinkel, seine Frau versucht es gar nicht erst, sie weint ungehemmt. Und das trotz Frühstücksdrama. Der Ungar an sich neigt zu Gefühlsausbrüchen, auch wenn er in Rumänien lebt.

35. Erziehungsmaßnahmen in den Bergen

»In Rumänien wohnen gar nicht nur Zigeuner. Da wohnen auch ganz viele Ungarn, die ständig essen und manchmal dolle weinen«, kläre ich Ági nach meiner Ankunft in Budapest auf.

»Und wie war's sonst so?«

»Lehrreich.«

Ich glaube, das ist die höchste Auszeichnung, die eine Bildungsreisende einem Urlaub verleihen kann. Und damit das so weitergeht, gedenke ich, auch meine zweite Urlaubswoche möglichst lehrreich zu verbringen: in einem Ferienlager für Zigeunerkinder.

Ursprünglich hatte ich ja vor, als Kind teilzunehmen, um den ganzen Tag lang spielen zu dürfen. Aber irgendwann in den vergangenen Jahren muss ich wohl offiziell erwachsen geworden sein: Ich sei zu alt, erklärten die Organisatoren, aber als Betreuerin könne ich gern mitfahren. Frechheit.

Man muss das System untergraben, um es zu stürzen. Und bluffen, man muss bluffen in dieser Welt. Also gebe ich vor, die alberne Altersbeschränkung zu akzeptieren, und melde mich als Betreuerin an. Aber ich werde garantiert keine Kinder hüten, ich fahre zum Spielen dahin. So. Und weil das Ferienlager von der evangelischen Kirche organisiert und finanziert wird, kann ich an der Stelle vielleicht auch gleich noch ein bisschen untergraben.

Bevor es losgeht, treffe ich systematisch Vorbereitungen und hole den fachmännischen Rat von Experten ein. Leider ist da nicht viel einzuholen. Meine Mutter als ehemalige Lehrerin und Erziehungsberechtigte meint am Telefon:

»Kind, mach das nicht! Was da alles passieren kann!«

»Alles, was passieren kann, ist, dass ich jeglichen Kinderwunsch aufgebe.«

»Nein!«

»War nur Spaß.«

»Und was machst du, wenn so ein Bengel mit einem Messer auf dich losgeht?«

Der Pädagoge an sich scheint ein besonders ausgeprägtes Vertrauen zu Kindern zu haben.

Auch mein Redaktionskollege Michael war früher Lehrer. Und seine Tipps hören sich so ähnlich an:

»Hast du denn schon mal mit Kindern zu tun gehabt?«

»Ja klar, aber die sehen mich immer als Spielkamerad an. Ich sie aber auch, um ehrlich zu sein.«

»Das ist nicht die schlechteste Ausgangsbasis. Aber trotzdem musst du lernen, dich durchzusetzen.«

»Und wie geht das?«

»Ganz einfach: Du darfst niemals hundert Prozent geben, wenn du Kinder zurechtweist. Die kannst du nämlich später nicht mehr steigern. Such immer noch mal nach einem anderen Weg, bevor du komplett ausrastest.«

Durchsetzen? Zurechtweisen? Ausrasten? Aber ich will doch nur spielen! Und vor allem: Was passiert, wenn die lieben Kleinen meine streng vorgetragenen Anweisungen gar nicht verstehen? Ich meine, viel mehr als »ejnye-bejnye« (du du) und »nem szabad« (das darfst du nicht) kann ich ja wirklich nicht auf Ungarisch sagen. Für eine Standpauke reicht das wohl nicht aus.

Kein Problem, nonverbale Kommunikation lautet die Lösung. Ich stelle mich vor einen Spiegel, übe den richtungsweisenden Zeigefinger und einen autoritären Gesichtsausdruck. Hmm, kann sich sehen lassen. Dann wollen wir doch mal sehen, wie der Affe ins Wasser springt.

Ich fahre mit dem Zug nach Bozsva, ein Kaff in den nordungarischen Bergen. Na ja, in den nordungarischen Hügeln. Berge gibt's hier nicht. Auf dem Weg dahin fallen mir all die Bemerkungen zum angeblich hochaggressiven Sozialverhalten und den kleptomanischen Tendenzen bei Zigeunern ein, die mir in den vergangenen Wochen von verschiedenen Seiten ungefragt angetragen wurden.

So was höre ich nicht zum ersten Mal. Noch viel schlimmer als der mehr oder weniger verdeckte Antisemitismus, mit dem ich in Ungarn immer wieder konfrontiert werde, sind die Ressentiments gegen Roma. Und noch viel breiter akzeptiert. Der Zigeuner an sich ist faul, dreckig und stinkend, sagt der ungarische Volksmund, ohne dass ein anderer Mund erwidert: Fresse halten.

Nach den ersten zwei Tagen kann ich folgende Bilanz ziehen: Der Zigeuner an sich ist weder dreckig noch stinkend, geschweige denn faul. Im Gegenteil. Die Kinder legen eine Energie an den Tag, dass einem schwindlig werden kann. Sie hüpfen die ganze Zeit wie aufgezogen durch die Gegend und benutzen selbst noch nach einem langen Wandertag meinen Körper als Klettergerüst, auf dem man hochkraxeln und runterrutschen kann – allerdings immer mit der Zwischenfrage:

»Hat das jetzt wehgetan?«

»Nö.«

»Dann kann ich ja weitermachen.«

Das Aggressionspotenzial tendiert also gegen null. Gewalt gibt es nur in Form von Kitzelangriffen. Niemand guckt böse oder schreit – es sei denn, er kämpft um seine Spielerehre. Und dann bin auch eher ich es, die nach jedem gewonnenen Punkt beim Tischtennis den Stolz meines Gegners lautstark in den Dreck tritt. Davon abgesehen gleicht der Umgang miteinander dem in einer Hippie-Kommune: Jeder streichelt dem anderen im Vorbeigehen über den Arm oder den Kopf und die allgemeine Anrede lautet »testvérem«, mein Bruder oder meine Schwester. Ich entziehe mich dieser Sitte wohlweislich. Ich hab schließlich schon einen Bruder und der reicht mir.

Zum Bild der Hippie-Großfamilie passt auch, dass sich hier fünfunddreißig Kinder und fünfzehn Betreuer ein Haus, drei Toiletten und drei Duschen teilen und dass bei jeder Gelegenheit gesungen und getanzt wird. Der Zigeuner an sich rockt, man kann es wirklich nicht anders sagen. Bei einer Rast mitten im Wald greife ich mir die Gitarre von Zoltán, einem anderen Betreuer, und stimme ein gar herzergreifendes deutsches Liebeslied an. Prompt bin ich umgeben von fünf fast erwachsenen Jungs, die aufmerksam zuhören. Mein erstes Publikum als Rockstar. Und es ist sehr artig.

Der Älteste der Jungs heißt Sándor, ist schon neunzehn, hat sich aber im Gegensatz zu mir irgendwie als Kind in das Ferienlager einschleichen können. Auf den ersten Blick hat er bei mir mit seiner kantigen Glatze und dem abweisenden Gesichtsausdruck nicht viel Zutrauen geweckt, aber nach meiner Gitarrenschnulze fragt er mich:

»Das war ein trauriges Lied, oder?«
»Ja.«
»Schreibst du mir den Text auf?«

»Der ist doch aber auf Deutsch.«

»Das macht nichts.«

Abends gebe ich Sándor den Text, spiele das Lied noch mal auf der Gitarre und er versucht mitzusingen. Später zeigt er mir auf seinem Handy Fotos von seiner Freundin, seiner Mutter und seinem Zuhause, einer erschreckend heruntergekommenen Siedlung am Rande der Stadt Debrecen, in der vierzig Menschen auf engstem Raum zusammenhausen.

»Stört es dich eigentlich, wenn man dich Zigeuner nennt?«, frage ich ihn, weil hier in Ungarn fast niemand von Roma spricht und ich mir deshalb auch schon angewöhnt habe, einfach Zigeuner oder cigány zu sagen.

Er aber versteht die Frage falsch und antwortet: »Nö, warum soll mich das stören? Ich bin nun mal kein Ungar, sondern Zigeuner. Und ich finde das auch nicht schlimm.«

»Aber du bist doch in Ungarn geboren worden?«

»Na und?«

»Dann bist du auch Ungar.«

»Nee, ich bin Zigeuner.«

»Kein Zigeunerungar oder ungarischer Zigeuner?«

»Nee, ich bin Zigeuner und das ist überhaupt nicht schlimm.«

Nachts am Lagerfeuer höre ich so viele Zigeunerwitze wie noch nie zuvor in meinem ganzen Leben. Ich verstehe allerdings selten die Pointe, was nicht nur an meinem Sprachdefizit liegt, sondern auch daran, dass mir viele Klischees einfach nicht geläufig sind. Bis ich nach Ungarn kam, war meine Vorstellung von Zigeunern eher romantischer Natur: Zigeuner waren für mich Frauen mit langen bunten Röcken und Männer mit Schnurrbart und Geige, die rastlos durchs Land reisen und aus der Hand lesen. Tolles Volk. Als Kind war ich so verliebt in dieses Image, dass ich mich sogar einmal zum Fasching als Zigeunerin verkleidet habe.

Das merkt man mir wohl heute noch an. Anders kann ich mir folgendes Gespräch mit der Lagerleiterin Irén nicht erklären:

»Weißt du, warum die Kinder dich mögen?«

»Weil ich so unheimlich lustig bin?«

»Nee, weil du bist wie sie.«

»Ich bin kindisch?«

»Du bist eine Zigeunerin.«

»Das ist mir neu.«

»Du fühlst wie sie, du magst Musik, du spürst den Rhythmus. Wenn du Gitarre spielst und singst, hören dir alle mit offenem Mund zu.«

»Na ja, weil ich auf Deutsch singe.«

»Nein, nein. Sie spüren, dass du eine von ihnen bist.«

»Ah ja.«

In eine ganz andere Richtung zielt das Verhör von Gyula, dem Chef der Zigeunergruppe, der sonst am laufenden Band Geschichten zu erzählen pflegt, die ich nicht verstehe. Ich nicke dann immer lächelnd, sage ab und an mal »hmm« und versuche herauszufinden, wann wohl ein kleiner Lacher angebracht ist. Jetzt aber hat Gyula genug von seinem Monolog und konfrontiert mich stattdessen mit der Frage:

»Du bist doch in Ungarn geboren worden, oder?«

»Nein, nein, ich bin in Deutschland geboren worden, ich bin Deutsche.«

»Deine Eltern?«

»Deutsche.«

»Wirklich?«

»Ja, wirklich.«

»Deine Vorfahren? Keine Ungarn dabei?«

»Soweit ich weiß, nein.«

»Das glaub ich nicht.«

Spricht's und beginnt mit der nächsten Geschichte.

Ich wende mich mit hilfesuchendem Blick meinem anderen Nachbarn zu, der genau wie ich ein schwarzes Piratenkopftuch trägt und genau wie der Mann mit der Gitarre Zoltán heißt, aber von jedem Kong genannt wird, weil er mit seinem dunklen Teint, den schwarzen Haaren und den schmalen Augen eben so aussieht. Um Gyulas Redeschwall zu entkommen, reiche ich Kong meine Wasserflasche rüber. Er nimmt an und trinkt.

»Echtes Klowasser übrigens«, informiere ich ihn.

Ich finde meine Bemerkung nicht sonderlich witzig, aber Kong lacht sich kaputt. Als Ausländer verfügt man über einen großen Bonus, hab ich bemerkt: Andere Menschen vergeben einem nicht nur schneller, wenn man mit Akzent und Fehlern spricht, sie lachen auch bereitwilliger über die allerblödsten Sprüche. Außerdem stelle ich einmal mehr fest, wie groß der Einfluss von Sympathie auf die Kommunikation ist. Von Gyulas Monologen verstehe ich wirklich kaum ein Wort, Kong verstehe ich fast immer.

Kong und ich jedenfalls werden Kumpane. Zusammen schwänzen wir die Sitzungen der Betreuer, deren Diskussionen ich nicht verstehe und die er nicht leiden kann. Zusammen rauchen wir eine Zigarette nach der anderen in einer Ecke des Gartens und reden dabei auf meinem Kindergartensprachniveau über Freud und Nietzsche. Zusammen schleppen wir unsere Matratzen in den Garten, um unter dem Sternenhimmel zu übernachten: ich, weil ich das schön finde, er, weil sein Zimmernachbar schnarcht.

Seitdem wir eine Nacht zusammen im Freien verbracht haben, steht für die anderen fest: Kong und ich sind das Paar des Ferienlagers. Die Mädchen fragen mich aus, ob ich verliebt bin, ob wir uns schon geküsst haben, ob wir heiraten und Kinder bekommen werden. Die Jungs denken sich ein Lied aus, das von unserer großen ewigwährenden Liebe handelt und das sie tag-aus, tagein in einer Endlosschleife singen. Die anderen Betreuer zwinkern uns verschwörerisch zu. Kong und ich sehen uns irritiert an, zucken die Schultern und gehen zum Tagesgeschäft über.

Und dieses Tagesgeschäft beginnt morgens um acht mit einem Gebet, einem Lied, dem Frühstück, einem Gebet und einem Lied. Sollte es jemals Ansätze von Religiosität in meinem Kopf gegeben haben, werden sie mit diesem allmorgendlichen Ritual endgültig zer-stört. Ich meine: Morgens um acht! Singen! Und beten! Nicht mit mir. Ich setze mich zwar dazu, weil ich kein Spielverderber sein will und weil die Kirche immerhin meinen Aufenthalt hier finanziert, aber das war's auch wirklich. Dasselbe gilt für die Kirchenbesuche: Ich bin dabei, leiste aber passiven Widerstand. Zweimal am Tag müssen wir dahin. Zweimal am Tag. O Mann. Gehirnwäsche, ick hör dir trapsen.

Zudem ist der Pfarrer nicht eben ein talentierter Mensch, wenn es um den Umgang mit Kindern geht. Mein Bibelungarisch lässt zwar zu wünschen übrig, aber so viel versteh ich schon, dass der Mann in ei-ner Tour droht und bei seinen kleinen Schäfchen ein schlechtes Gewissen wecken will. Und wenn ich was nicht verstehe, erklärt Kong es mir. Sündig (bűnös) zum Beispiel ist eine Vokabel, die mir bislang natür-lich noch nicht über den Weg gelaufen ist und die ich zunächst mal falsch verstehe: als büdös nämlich, stin-kend.

Ich lehne mich also zu Kong rüber und flüstere:

»Warum sagt der böse Mann da vorn, dass wir alle stinken?«

»Was?«

»Er sagt, alle stinken, ich stinke, du stinkst, alle. Kong, stinke ich?«

Er antwortet nicht, sondern kriecht in den Fußraum der Kirchenbank, um seinen Lachanfall zu bewältigen. Der Pfarrer guckt daraufhin noch grimmiger als sowieso schon. Das vierjährige Mädchen auf meinem Schoß wacht kurz auf, sieht zu Kong runter und schläft dann wieder ein. Andere Kinder lassen sich von seinem gurgelnden Kichern anstecken und lachen mit, ohne zu wissen, worum es geht. Oh. Gottesdienst gestört. Das gibt einen Eintrag ins Klassenbuch.

»Hat das Ferienlager eigentlich deine Beziehung zu Gott schon beeinflusst?«, fragt mich der Pfarrer später.

»Ehrlich gesagt, ich habe keine Beziehung zu Gott«, antworte ich.

Daraufhin dreht er sich um und geht.

Allmählich ist mein Schneeschuh wirklich voll mit Kirche. Ich will da nicht mehr hin, ich hab genug Predigten für die nächsten zehn Jahre gehört. Also melde ich mich mit einer anderen Betreuerin namens Csilla freiwillig zum Abwasch. Es gab Rührei. Das heißt: Csilla und ich waschen fünfzig eiverklebte Teller, Messer und Gabeln, fünfzig zuckerteeverkrustete Tassen und fünf angebrannte Pfannen ab. Strafe Gottes, nehme ich an.

Dabei hat Csilla diese Strafe gar nicht verdient, sie ist nämlich sehr gläubig, liest jeden Tag in der Bibel und geht jeden Sonntag in die Kirche. Das hält sie allerdings nicht davon ab, bei jeder Gelegenheit ihre recht unchristlichen Witze anzubringen. Einmal greift sie sich eine Hand von Gitarren-Zoltán, wirft einen flüchtigen Blick in den Handteller, lässt die Hand desinteressiert fallen und verkündet dann trocken: »Du wirst ein kurzes Leben haben.«

Am letzten Abend werde ich doch noch mit meiner Tarnung als Betreuerin konfrontiert: Ein zehn- und ein vierzehnjähriges Mädchen »überreden« mich zu einem Spaziergang durchs Dorf, das heißt, sie nehmen mich einfach an der Hand, ignorieren meine Hilferufe und zerren mich nach draußen auf die Straße.

Die beiden Küken kenne ich schon, denen musste ich gleich am Anfang austreiben, mich »Tante Lysann« zu nennen, mich zu siezen oder so komische Floskeln wie »Hogy tetszik lenni?« zu benutzen. »Hogy tetszik lenni?« ist schwierig zu übersetzen, das heißt eigentlich »Wie geht es Ihnen?«, wortwörtlich »Wie gefällt es Ihnen zu gehen?«, vielleicht so was Ähnliches wie »Wie ist Ihr wertes Befinden?«. Eine Frage also, die man mit sechsundzwanzig Jahren nicht gestellt bekommen möchte, schon gar nicht morgens um acht.

Und diese beiden haben sich jetzt in den Kopf gesetzt, dass sie in eine nahe gelegene Kneipe gehen und Party machen wollen. Mir soll das ja recht sein, aber ein Blick in das besorgte Gesicht der Lagerleiterin sagt mir, dass jetzt wohl der Zeitpunkt gekommen ist, an dem ich mich wirklich durchsetzen muss. Ich versuche also, die Mädchen mit ihren eigenen Waffen zu schlagen und wieder in den Garten zurückzuziehen. Der mächtig gewaltige Plan geht aber schief, denn ein Mädchen reißt sich los, rennt hundert Meter Richtung Wald und verkündet, dort stehen bleiben zu wollen. Super. Und ich stehe mit dem anderen Mädchen an der Hand da und weiß nicht weiter.

Hinterherrennen kann ich mir gleich abschminken, ein bisschen erahne ich ja schon den Unterhaltungswert, den Haschespiele für Kinder haben. Also gucke ich streng und rufe der Ausreißerin zu, dass es ziemlich cool wäre, wenn sie sofort wieder zurückkommen würde.

Nö. Sie denkt ja gar nicht dran.

Mist. Okay, was hat Michael gesagt? Durchsetzen? Fehlgeschlagen. Zurechtweisen? Fehlgeschlagen. Vor dem Ausraster nach einem Alternativweg suchen? Na dann. Ich verspreche der Göre, dass ich mit ihr auf dumme Diskomusik tanze, wenn sie in einer Minute neben mir steht. Und sie kommt her. Sehe ich richtig? Sie kommt her? Toll. Geschafft. Grenzen austesten, hmm? Aber nicht mit mir.

Der Abschied gestaltet sich schließlich wie in Rumänien ausgesprochen tränenrührig. Sogar die großen Jungs heulen Rotz und Wasser, liegen sich gegenseitig in den Armen und trösten sich.

Ich weine nicht, obwohl mein Herz in tausend Stücke zerbricht, als ein kleines Mädchen mich mit seinen großen braunen Augen ansieht und leise sagt: »Du wirst mir fehlen.« Ist es wirklich erst fünf Tage her, dass das Kind tränenüberströmt zu mir kam und mir erzählte, dass sie ihre Mutti vermisst?

Kong und ich versetzen die Meute in schiere Ekstase, indem wir uns fürs Foto küssen. Im Anschluss gebe ich mit meinem Lieblingstischtennisgegner András zum letzen Mal eine Breakdance-Welle mit den Händen zum Besten und er macht mir das größte Kompliment, zu dem Jungs fähig sind, die eben erst der Pubertät entkommen sind: »Du bist echt in Ordnung.« Zu guter Letzt erhalte ich ungefähr fünf Kilogramm selbstgebastelte Geschenke, was auch das letzte Vorurteil entkräftet: Der Zigeuner an sich klaut nicht, der schenkt – viel Liebe vor allem.

36. Erleuchtung auf der Insel

Zurück in der Redaktion werde ich gleich in das nächste Hippielager geschickt: Das Sziget-Musikfestival auf einer Donauinsel im Norden Budapests steht an. Ich schreibe noch am ersten Tag eine Reportage mit der Überschrift »Menschen fliegen durch die Luft und stolpern über ihre Füße«. Damit ist meine Pressekarte mehr als gerechtfertigt und ich kann mich in der nächsten Woche ruhigen Gewissens im VIP-Bereich des Festivals rumtreiben, ohne Eintritt zu zahlen.

Will man die gesamte Woche in einem Tag zusammenfassen, dann beginnt dieser vormittags im Ambient-Zelt: Unter meinem dröhnenden Schädel stapeln sich diverse Kissen, in meiner Nase kräuselt sich Räucherstäbchen-Rauch, in meinem Ohr plätschern sphärische Chill-Klänge und in Reichweite steht ein starker Espresso. Neben mir liegt mein alter Kifferkumpel Attila, sein Freund Attila und noch ein anderer Freund von ihm, dessen Name ich vergessen habe, der aber aller Wahrscheinlichkeit nach ebenfalls Attila heißen dürfte.

Die drei Jungs philosophieren gerade darüber, welchen Sinn sie für den siebenten Sinn hergeben würden: Attila meint, er würde auf seine Sehkraft verzichten, um den Lauf des Universums zu erkennen. Sein namenloser Kumpel würde auf alle Sinne verzichten, um einmal den Beat sämtlicher Musikformen dieser Welt in seinem Magen zu spüren. Ich bin mit meinen Sinnen ganz zufrieden und schlafe ein, bis mich Flóra per Mobiltelefon weckt: Sie weiß, wo es kostenlos Schokolade gibt.

Wir treffen uns am Katholikenzelt, wo man ein Bild malen muss, um Schokolade zu bekommen – und für Schokolade mach ich alles. Wenn es im Himmel keine Schokolade gibt, dann will ich da nicht hin. Das verrate ich den Katholiken aber nicht, sonst werfen die mich noch raus. Stattdessen greife ich beherzt zu einem Pinsel und male wild drauflos. Flóra zeichnet sich selbst, wie sie gerade einem Punk ein Bier schenkt. Attila malt ein riesiges Herz. Und ich irgendwie so … na ja, Linien, Kreise, Wellen und so was.

Die Kirchentante wendet sich mit der pädagogisch wertvollen Frage an mich: »Und was ist das für dich?«

Ich überlege noch, ob ich mir jetzt ganz schnell eine total spirituelle Interpretation für mein Gekrakel ausdenken soll, und suche im Kopf schon mal vorsorglich die Vokabeln für Himmel, Gott, Sonne, Leben und Welt zusammen, entscheide mich dann aber doch für die geheimnisvollere Variante: »Ich weiß nicht, ich male abstrakt.«

Die Schokolade ist aber nur mäßig lecker.

Beim Judenzelt kann man einem Rabbi für zehn Forint (vier Cent) eine Frage stellen. Dort treffe ich in zehn Minuten Zsuzsa. In der Zwischenzeit stehe ich unschlüssig vor dem Zelt rum und überlege mir eine Frage. Da spricht mich auch schon einer der Juden an:

»Zsidó vagy?«

»Nem.«

Dieselbe Frage stellt mir schließlich auch der Rabbi als Erstes, nur auf Englisch:

»Are you Jewish?«

»Nee, aber ich habe trotzdem eine Frage.«

»Frag.«

»Sollte ich nicht langsam mal anfangen, meine Zeit und Energie in wirklich wichtige Dinge zu stecken, statt mich immer nur zu amüsieren?«

»Wenn du solche Gedanken hast, dann hast du auch die Kraft, sie in die Wirklichkeit umzusetzen.«

»Ah ja, vielen Dank, alles Gute.«

Ich stehe auf und will ihm die Hand schütteln.

»Ich darf nur meine Frau berühren.«

»Ach ja, stimmt ja. Entschuldigung.«

Dann kommt Zsuzsa und wir gehen zusammen in ein so genanntes Selbsterkenntniszelt. Da muss man eine Tarot-Karte ziehen, bekommt einen albernen Hut aufgesetzt und wird in ein Labyrinth entlassen. Super. Ich und mein Orientierungssinn, wir beide hassen Labyrinthe. Nach einer halben Stunde des Suchens hat auch Zsuzsa keine Lust mehr auf Selbsterkenntnis und will nur noch raus. Wir setzen uns erst mal hin, essen Kekse und geben den vorbeiirrenden Leidensgenossen wertvolle Hinweise wie: »Den Weg hast du vorhin schon mal genommen. Probier mal den hier aus und sag Bescheid, wenn du den Ausgang gefunden hast.«

Später kommt eine verkleidete Selbsterkenntnisfrau auf uns zu und fragt:

»Kann ich euch helfen?«

Ich (völlig begeistert): »Ja! Wir suchen den Ausgang!«

»Und warum findet ihr ihn nicht?«

Ich (eingeschüchtert): »Keine Ahnung, weil wir ein bisschen verpeilt sind vielleicht.«

»Okay, hier ist mein Rat …«

Ich (Ohren spitzend): »Ja?«

»Sucht die Kraft und das Selbstvertrauen in eurem Inneren und ihr werdet den Weg finden.«

Ich (zusammensackend): »Vielen Dank für den Tipp.«

Irgendwann hat der MacGyver in mir eine Idee: »Zsuzsa! Ich hab's! Wir machen's wie Hänsel und Gretel! An jeder Kreuzung legen wir einen Kekskrümel hin und so finden wir den Weg nach draußen!«

Sie (kauend): »Ich hab schon alle Kekse aufgegessen.«

»Na großartig. Egal. Dann nehmen wir Fetzen von Papiertaschentüchern.«

Und so finden wir den Weg. Danke, Gebrüder Grimm, ihr habt mein Leben gerettet.

Als Nächstes steht ein Zelt namens Lumination an, das sich im Nachhinein als ziemlich sinnloses, aufblasbares Gummizelt mit meditativer Musik herausstellt. Erst mal muss man aber eine geschlagene Stunde lang in der Mittagshitze Schlange stehen, um reinzukommen. Als Zsuzsa und ich endlich am Eingang angekommen sind, stelle ich nicht nur fest, dass es einen separaten Eingang für die Presse gibt, sondern auch, dass ich den Türsteher am regulären Eingang kenne. Na, sei's drum. Zeit spielt keine Rolle.

Zsuzsa verabschiedet sich nach dem Luminationszelt Richtung Henna-Tattoo-Stand. Ich bin dagegen. Erstens: weil Henna-Tattoos was für Hausfrauen sind. Und zweitens: weil ich schon eine Tätowierung habe. Die hat mir vorhin Flóra bei den Katholiken mit einem Kugelschreiber auf den Oberarm gemalt.

»Was soll ich dir tätowieren?«

»Kein Herz, keine Rose, keine Elfe, keinen Delphin und kein Hakenkreuz. Ansonsten: Mir egal.«

Seitdem laufe ich mit einem Anarchisten-A auf dem Oberarm rum. Nun ja. Cool ist, wer nicht darüber nachdenkt, was cool ist, wie Farin Urlaub mal sagte.

Ich treffe die Fachtätowiererin vor der Karaoke-Bühne wieder. Sie liegt betrunken auf der Wiese rum, trägt eine riesige Pepsi-Gummihand auf dem Kopf und meine Sonnenbrille im Gesicht. Neben ihr liegen meine Ungarisch-Hausaufgaben, die sie eigentlich für mich erledigen sollte. Sie hat die Aufgabenstellung nicht verstanden. Da hilft nur eins: ein Ausnüchterungsspaziergang Richtung Hauptbühne.

Dort geben gerade Seeed ein ganz ganz großes Konzert. Danach schreien Flóra und ich völlig begeistert: »Vissza vissza!«

Alle anderen brüllen: »Zugabe!«

Wir sind umzingelt von Deutschen!

Später checken Die Ärzte auf der Bühne den Sound. Farin fragt Bela und Rod: »Sollen wir noch was spielen?«

Die Menge vor der Bühne ist der Meinung: »Ja!«

Farin sagt: »This is only the sound check, not the concert.«

Bela: »Ich glaube, du kannst ruhig Deutsch reden.«

Wir schlendern weiter zum Túró-Rudi-Stand, wo es die weltbesten Schokoriegel aus dem Automaten gibt. Die Verpackung gilt als Währungsersatz. Man kann sich dafür an Gummiseilen durch die Luft schnipsen lassen, in fetten Polsterkugeln wie ein behäbiger Käfer sumoringen oder Tischtennis spielen. Uns ist das zu anstrengend. Wir liegen stattdessen völlig knülle auf Liegestühlen rum.

Irgendwann raffen wir uns doch noch auf und gehen zum Hammer-World-Zelt, wo gerade Amorphis Gitarrensaiten und Trommelfelle strapazieren. Flóra macht irgendwie mit ihrem Handy rum und schreit dann mit ausgestrecktem Arm: »Da!«

Auf dem Monitor neben der Bühne steht: »Lysann rockt!«

Yeah. Da hat der Monitor nicht ganz unrecht. Dieses Ereignis muss ich sofort Attila erzählen, als ich ihn im Siemens-Zelt wiedertreffe. Auch er lässt sich nicht lumpen und zaubert auf den Monitor neben der Bühne: »Lysann rocks forever! We love you!« Ja, ich euch auch.

Attila und ich ziehen weiter zu seinen Kumpels, die uns Space-Cookies anbieten. Wir bedienen uns und verschlingen jeder einen Keks. Der Bäckermeister fragt, wie viele wir gegessen haben.

»Na, jeder einen, was denn sonst?«

»Oh.«

Dafür, dass der Mensch so erschrocken tut, könnten die Rezeptoren aber jetzt schon auch langsam mal ein bisschen durchdrehen. Aber nichts passiert. Also trinken Attila und ich noch ein Bier in der Sonne und teilen uns dabei einen Joint. Immer noch nichts. Wir legen uns vor der Weltmusikbühne auf die Wiese, besprechen die Lage der Nation und fangen allmählich an zu grinsen.

Gefühlte drei Stunden später kommt Ági mit ihren Freunden des Weges, sieht mir in die Augen und sagt: »Schokolade?«

»O ja! Schokolade! Woher weißt du das?«

»Warte, ich kaufe dir was Besseres als Schokolade.«

Gibt es etwas Besseres als Schokolade? Ich kann mir nichts Besseres vorstellen. Scho. Ko. La. De. Die Verheißung hat einen Namen. Nach weiteren drei oder vier Stunden steht Ági wieder neben mir und hält ein Boci-Eis mit Schokolade und Nüssen in der Hand. Es gibt etwas Besseres als Schokolade!

»Ági, ich liebe dich. Anders kann ich es jetzt nicht sagen.«

Danach haut es mich wieder um und ich sehe stundenlang in den Himmel. Aaron kommt vorbei, setzt sich neben mich und erklärt mir die Wirkung von Space-Cookies, die langsam anfängt, lange lange lange ansteigt und danach lange lange lange abebbt. Ich werde also die nächsten Tage oder Wochen bewegungsunfähig auf dieser Wiese herumliegen und blöde vor mich hingrinsen? Soll mir recht sein.

Noch immer breit lächelnd laufe ich später zum Diskozelt der ungarischen Biermarke Arany Ászok, goldene Asse, und peile die Lage: Flóras Kumpel steht an der Bar und trinkt Colawein, ein ekelhaftes Gemisch, das in Ungarn VBK heißt und sehr beliebt ist. Ihr anderer Kumpel tanzt mit der Lautsprecherbox, nein, eigentlich vögelt er die Box regelrecht. Auf der Tanzfläche finde ich schließlich auch Flóra selbst, drängle mich zu ihr durch und drehe mich im Kreis. Zurück zu Flóra ... Äh, wo ist sie denn? Oh, da unten liegt sie. Zweiter Blick: Wälzt sich Flóra tatsächlich gerade auf dem Boden und spielt Luftgitarre? Mein Gott.

Ich ziehe sie rüber zum Zelt der Hare Krishnas, wo eine Band stundenlang ein und dasselbe Lied als Punkrock-Version spielt: »Hare Krishna, Hare Krishna, Krishna Krishna, Hare Hare, Hare Rama, Hare Rama, Rama Rama, Hare Hare« und danach das Ganze wieder von vorn.

Nach zwei Stunden Tanz und Gesang frage ich Flóra: »Und was machen wir jetzt?«

»Krächz.«

»Was? Red doch mal deutlich!«

»Krächz!«

»Okay, dann noch ein Bier im Arany-Ászok-Zelt.«

»Krächz krächz.«

»Komm.«

Gegen Morgen liegen Flóra und ich völlig fertig auf einer Wiese rum. Flóra hat ihren Rausch inzwischen nicht nur ausgeschwitzt, sondern auch anderweitig bewältigt. Und ich muss zugeben: Sie ist der einzige mir bekannte Mensch, der mit Würde kotzen kann. Während sie vornübergebeugt auf einem Stein sitzt und das schöne Bier dem Boden anvertraut, halte ich ihre langen Haare im Nacken zusammen und frage: »Geht's?«

Sie antwortet mit zwei zu Victory-Zeichen erhobenen Händen, während der nächste Würgreiz einsetzt. Respekt für diese Glanzleistung. Nem semmi, würde der Ungar dazu sagen: Das ist nicht nichts.

Als die Sonne über der Donau aufgeht, murmelt Flóra schläfrig: »Lysann?«

»Was? Nee, warte, lass mich raten. Du musst aufs Klo?«

»Nö.«

»Du willst noch'n Bier?«

»Nö.«

»Dir ist kalt?«

»Nö.«

»Hach, dann weiß ich auch nicht. Was ist denn?«

»Ich mag dich.«

Denke ich wirklich ernsthaft darüber nach, diese Stadt und diese Menschen jemals wieder zu verlassen? Eigentlich läuft das geplante Jahr in Budapest demnächst aus. Allmählich müsste ich mir also mal darüber klar werden, was danach kommen soll.

37. Darniederlegen im Debrecener Blumenkarneval

Bevor ich eine zukunftsweisende Entscheidung treffe, fahre ich aber erst mal nach Debrecen und ehre dort den Erfinder Ungarns: Der Namenstag von István ist einer von drei ungarischen Nationalfeiertagen, an dem nicht nur des heiligen Stephan gedacht wird, sondern auch des neuen Brotes. Ob und wie das miteinander zusammenhängt, weiß ich auch nicht. Ich weiß nur, dass in Budapest am 20. August die Luft brennen wird – einerseits weil dann ein sündhaft teures Feuerwerk in den Himmel geschossen wird und andererseits weil der ungarische Ministerpräsident Péter Medgyessy gerade zurückgetreten ist und laut Ági jetzt ganz bestimmt Anarchie in Ungarn ausbricht.

Ich entscheide mich also lieber für Blumenkarneval in Debrecen, der zweitgrößten Stadt Ungarns, was meinem inzwischen doch schon recht fortgeschrittenen Alter ein wenig mehr entsprechen dürfte. Nein, der wahre Grund: Kong, mein Mitstreikender aus dem Zigeunerkinderferienlager, bombardiert mich seit Wochen mit Anfragen bezüglich eines Besuches in seiner Lieblingsstadt, und wenn der Ungar an sich einen einlädt, dann sollte man lieber … Okay, also hier die wirklich echte Wahrheit: Kong hat mir ein Gedicht geschickt. Ein Gedicht! Die Ungarn wissen wirklich, wie man Frauen hofiert, daran gibt es keinen Zweifel. Das Gedicht geht so:

Die Nacht steigt herab
mit ihrer stillen Dunkelheit,
umarmt dich wie die Frau,
die du nie vergisst.
Während du schläfst,
haucht sie einen Kuss in deinen Traum
und morgens verschwindet sie
wie der Traum.

Angesichts solcher Zeilen bleibt mir keine andere Wahl, als den Absender mal umgehend aufzusuchen.

In Debrecen wohnt auch Csilla, die Betreuerin mit dem christlichen Glauben und dem unchristlichen Humor. Sie holt mich vom Bahnhof ab. Während eines Stadtrundgangs plappere ich ein bisschen vor mich hin und erzähle ihr, dass ich seit neuestem häkle. Dumm nur, dass ich statt häkeln (horgol) schnarchen (horkol) sage. Und das hört sich so an:

»Csilla!«

»Lysann!«

»Stell dir vor!«

»Warte.« (schließt die Augen und reibt sich die Schläfen) »Okay. Jetzt. Ich stell's mir vor.«

»Ich schnarche!«

»Oh. Wirklich?«

»Ja! Ich weiß, es ist peinlich, macht aber viel Spaß!«

»Aha.«

»Ich sitze wie eine Oma zu Hause und schnarche. Höre Musik und schnarche. Toll, oder?«

»Äh, ja.«

»Das ist wie Meditation!«

»Wie Meditation?«

»Ja klar! Und das Beste ist: Ich bin total geschickt dabei! Die perfekte Hausfrau!«

»Wie?«

»Ich habe schon eine ganze Mütze geschnarcht!«

»Eine Mütze?«

»Aber dafür brauchte ich eine Schnarchnadel. Die musste ich kaufen, was ziemlich kompliziert war.«

»Eine Schnarchnadel?«

»Klar. Braucht man doch zum Schnarchen.«

»Ach, häkeln! Du meinst häkeln, nicht schnarchen!«

»Sag ich doch!«

Mit Kong, der mir seine Stadt, seine Uni und seine Lieblingskneipen zeigt, gibt es später ebenfalls Verständigungsschwierigkeiten. Als wir nämlich in seinem Zimmer landen, kommt das, was die Zigeunerkinder schon die ganze Zeit wussten, ich aber nicht mal begreife, als der junge Mann mich geradeheraus fragt: »Wollen wir uns hinlegen?«

»Ja, okay, ich bin auch schon müde.«

»Nee, Lysann, sich hinlegen heißt ... ach, ich zeig dir einfach, was das heißt.«

Die Ungarn, die legen sich hin! Darniederlegen die sich quasi! Auf Biblisch: Er legte sich zu ihr! Und das soll man verstehen! Warum können die sich aber auch nicht mal ein bisschen konkreter ausdrücken? Hämorrhoiden zum Beispiel, ja, wirklich keine schöne Sache, wie man sagen hört, Hämorrhoiden jedenfalls heißen bei denen Goldadern. Goldadern! Allmählich glaube ich, das wahre Volk der Dichter und Denker sind die Ungarn, nur hat die nie jemand verstanden, weshalb auch niemand weiß, wie poetisch dieses Volk ist.

Zurück zu Kong, der auch ein kleiner Poet ist und deshalb immer mal wieder nach seinem Notizbuch greift und ein, zwei schöne Verse hineinschreibt. Die kann er übrigens auch sehr romantisch vortragen, ohne dabei gleich pathetisch zu werden. Aber nachdem wir uns darniedergelegt haben, sind wir irgendwie nicht mehr kompatibel: Ich rede über Musik, er redet über Liebe. Ich grinse ihm ins Gesicht, er guckt melancholisch zurück. Ich gestikuliere wild beim Erklären, er nimmt meine Hand und hält sie fest.

Zudem fängt er auf einmal an, väterlich zu werden, mir die Welt zu erklären, sich um mich und mein Wohlergehen zu sorgen und mir zu allem Übel auch noch besitzergreifend die Hand auf den Hintern zu legen. Was ist denn nur passiert? Bedeutet sich darniederlegen in Ungarn, dass Mann und Frau von nun an zusammengehören? Oder gar, dass die Frau dem Mann gehört? Ich glaube, wir haben hier ein Problem.

Zunächst mal haben wir hier aber den Blumenkarneval, der sich als völlig überlaufene und recht langweilige Parade von Wagen herausstellt, auf denen aus Blumen bestehende Figuren durch die Gegend kutschiert werden. Der Nationalfeiertag in Debrecen gleicht eindeutig einer behäbigen Familienveranstaltung. Überhaupt ist mir die ganze Stadt viel zu beschaulich. Ich habe Heimweh: nach meinem dreckigen lauten Budapest, nach meinen Freunden dort, nach mir und meinem Leben.

Am frühen Abend fahren Kong und ich zum Rand der Stadt in die Siedlung, wo die Zigeuner wohnen, die im Ferienlager dabei waren. Während der Busfahrt spreche ich mit ihm über uns – soweit das eben mit meinem behinderten Ungarisch möglich ist.

»Kong, ich bin nicht verliebt in dich.«

Er schluckt.

O nein. Das wollte ich nicht. Wenn einem so wenige Wörter zur Verfügung stehen, klingt alles, was man sagt, immer so unheimlich kurz angebunden, hart und kalt.

»Es tut mir leid«, sage ich und: »Ich bin sündig. Oder stinkend? Nein, sündig lieber. Sündig.«

In sein Gesicht stiehlt sich ein kleines Lächeln. Ich nehme seine Hand und drücke sie.

Unser Bus fährt an einem Gewerbegebiet vorbei bis zur Endhaltestelle, wo nur noch Felder, Fernverkehrsstraßen und ein Schild mit der Aufschrift »Viszontlátásra« (Auf Wiedersehen) zu sehen sind. Kong und ich laufen einen kleinen schlammigen Pfad entlang bis zum Domokos Marton kert, der letzten Zigeunersiedlung in Debrecen. Sechzehn Familien leben hier, einige schon seit zwanzig Jahren. Die Firma, die die Häuser verwaltet, will die Siedlung abreißen lassen und ich will darüber schreiben.

Auf halbem Weg zur Siedlung passieren wir einen Krankenwagen. Selbst wenn der Fahrer wollte, bis zu den Häusern käme er nicht durch. Eine Frau läuft ihm entgegen, auf dem Arm trägt sie ihre Tochter – das Mädchen mit den riesigen braunen Augen, das mir im Ferienlager zum Abschied gesagt hat, dass ich ihr fehlen werde. Das Kind hat eine Lungenentzündung und hohes Fieber. Sie erkennt mich nicht wieder. Mutter und Tochter steigen in den Krankenwagen, der umständlich wendet und zurück in die Zivilisation fährt.

Am Ende des Feldweges stehen sechzehn verfallene Häuser, auf die nur das Wort »Bruchbude« zutrifft. Von den schiefen Dächern drohen die losen Ziegelsteine jeden Moment herunterzufallen, die Fassaden bröckeln, die Fensterrahmen sind morsch. Rechts neben dem Eingang zur Siedlung befindet sich die Toilette: eine winzige Hütte mit einem Vorhang, drinnen liegen einige Bretter über einem Loch. Kaum vorstellbar, dass vierzig Menschen diesen Ort mehrmals am Tag aufsuchen müssen.

Am Eingang wartet Gyula, der Mann, dessen Monologe ich nie verstanden habe. Er führt uns in den Hof, wo seine Frau Aranka gerade einen Eimer Wasser vom Brunnen holt, um starken Kaffee zu kochen. Neben unserem Tisch liegt Arankas Bruder in einem Bett, er hat nur noch ein Bein und raucht eine filterlose Zigarette nach der anderen. Neulich war er wegen Leberproblemen im Krankenhaus, erzählt Aranka mir. Ein Krankenwagen brachte ihn zurück zur Siedlung. Auf halbem Weg legten ihn die Pfleger einfach neben dem Schlammpfad ab. Den anderen Bewohnern Bescheid zu sagen, hielten sie nicht für nötig.

Aranka hat vier Kinder in die Ehe mit Gyula eingebracht. Alle vier haben die Schule abgeschlossen, einen Beruf erlernt und besitzen inzwischen eine eigene Wohnung in der Stadt. Warum die beiden noch immer hier leben? Sie erklären, dass sie die anderen nicht im Stich lassen wollen, dass ihnen der Gruppenzusammenhalt wichtiger ist als der Komfort einer normal ausgestatteten Wohnung.

»Wir müssen zusammenbleiben. Nur so sind wir stark, können unsere eigenen Interessen vertreten und uns in die Gesellschaft integrieren«, meint Gyula.

Und dann redet er von einer gesellschaftlichen Brücke zwischen Roma und Ungarn, von Problemen, die gemeinsam verursacht wurden und gemeinsam gelöst werden müssten.

»Wie sollen wir eine Brücke bauen, wenn wir auf der Straße sitzen?«, entgegnet seine Frau.

Gyula braust auf: »Das Haus ist mir egal, das ist kein Problem. Diese Brücke ist wichtiger als eine Wohnsiedlung.«

Allerdings sollte solch eine Brücke schon von zwei Seiten aus gebaut werden.

38. Noch mehr Antworten

In den nächsten Wochen halte ich die Augen offen und
finde weitere Antworten auf die Frage, ob ich mich
nicht langsam mal mit wichtigeren Themen beschäftigen sollte, statt mich immer nur zu amüsieren: Mit
einem Rollstuhlfahrer, der im Auftrag irgendeiner guten Sache von Köln nach Istanbul unterwegs ist und
in Budapest haltmacht, zähle ich die Blasen an seinen
Händen und benenne sie nach ihren Geburtsstädten.
Mit der Vorsitzenden eines Blindenvereins laufe ich
Arm in Arm durch die Stadt – ohne ihr zu verraten,
dass ich meine Augen auch geschlossen habe, um mal
zu wissen, wie das ist. Ich besuche einen deutschen
Häftling im Gefängnis, ambitionierte Menschen in einem Biodorf und eine staatliche Einrichtung, in der
Straßenhunde getötet werden.

Und ich spreche mit einer jüdischen Ungarin, die
während des Zweiten Weltkriegs im Konzentrations-
lager Auschwitz-Birkenau war und später als Zwangs-
arbeiterin in einer Munitionsfabrik fünfzig Kilogramm
schwere, mit hochgiftigen Chemikalien gefüllte Gra-
naten schleppen musste – zehn Stunden am Tag, jeden
Tag, ohne ausreichende Verpflegung und Schutzklei-
dung.

Nach der Befreiung durch amerikanische Soldaten
wog sie weniger als vierzig Kilogramm, ihre Haut war
durch die Chemikalien gelb verfärbt, die Haare abra-
siert. Monatelang lag sie mit unerträglichen Rücken-

schmerzen im Krankenhaus. Sie brauchte ein Jahr, um wieder normal laufen zu können, und wahrscheinlich ein ganzes Leben, um zu begreifen, dass ihre gesamte Familie in der Zwischenzeit vergast worden war.

Ich treffe die alte Dame in ihrer Wohnung in der Budapester Innenstadt. Sie ist eine große, schlanke Frau, ihre Bewegungen sind grazil, ihr Händedruck ist fest und sie sieht mir direkt in die Augen. »Danke, dass ich Ihnen meine Geschichte erzählen darf«, ist einer ihrer ersten Sätze und ich muss schlucken. Bedankt sie sich gerade bei mir? Ist Zuhören nicht das Mindeste, was meine Generation ihr schuldig ist? Sollte nicht eher ich mich bei ihr bedanken, dass sie überhaupt mit mir redet? Und auch noch in meiner Muttersprache, der Sprache der KZ-Aufseher und Munitionsfabrikbesitzer?

Sie serviert mir den Kaffee in einer weiß-grünen Sammeltasse aus Meißner Porzellan. »Die Tasse gehörte meiner Mutter. Ich hab sie nach meiner Rückkehr im November 1945 in einer Scheune neben dem Haus meiner Eltern gefunden und mitgenommen. Im Haus wohnten damals schon Fremde.«

Der Kloß in meinem Hals wird immer größer. Ich traue mich kaum, die Tasse anzufassen.

Die Zeit im Lager und in der Fabrik habe sie nur deshalb überstanden, weil sie an einem Traum festhielt: nach Hause zu kommen und alles so vorzufinden, wie es war, die Familie wiederzusehen und ein neues Leben zu beginnen. »Der Zusammenbruch kam erst nach dem Krieg, als ich diesen Traum aufgeben musste. Nichts würde jemals wieder so sein, wie es war. Die Konfrontation mit der grausamen Wirklichkeit war der schlimmste Moment in meinem Leben.«

Sie war damals zwanzig Jahre alt, sechs Jahre jünger als ich heute.

Jahrzehntelang habe sie nicht über ihre Erlebnisse sprechen können, das sei nicht erwünscht gewesen zu sozialistischen Zeiten. »Damals wurde vieles unter den Teppich gekehrt.«

Erst in den vergangenen Jahren habe sie angefangen, zu reden und ihre Erinnerungen zu veröffentlichen – allerdings unter Vorbehalt: »Bitte verwenden Sie nicht meinen richtigen Namen. Ich habe Angst, dass mir jemand die Fensterscheiben einwirft.«

Der Kloß in meinem Hals drückt mir die Tränen in die Augen. Ich weiß nicht, wie ich meine Wut in Worte fassen soll.

Das muss ich auch nicht. Sie sieht mir immer noch fest in die Augen und nickt. Die ganze Zeit hat sie ohne Hass in der Stimme erzählt, ganz ruhig hat sie geredet und Pausen eingelegt, damit ich mit dem Schreiben hinterherkomme. »Wissen Sie, ich habe Deutschland mein halbes Leben lang gehasst, bis mir in den neunziger Jahren klar wurde, dass es nicht mehr das Land ist, das ich 1945 verlassen habe.«

Ich will das nicht, dieses Zugeständnis, dieses Verständnis, diese Absolution. Die Frau hat allen Grund, nicht zu verzeihen. Stattdessen bedankt sie sich, dass sie ihre Geschichte erzählen kann.

Nach dem Gespräch laufe ich stundenlang durch die Stadt. Wie viel Kraft muss es diese Frau gekostet haben, nach dem Krieg ein Leben aufzubauen und Menschen wieder offen in die Augen zu sehen? Und wie viel ist mein eigenes Urvertrauen wert, das mir einfach so in den Schoß gelegt wurde, das sich ganz logisch aus meinem weitgehend sorgenfreien Leben ergibt? Wie viel ist mein Optimismus wert, den ich mir nicht erkämpfen musste? Plötzlich schäme ich mich für die Frage, mit der ich mich seit Wochen herumschlage: ob ich in Budapest bleiben will oder nicht. Allein für die Tatsache, dass ich mir solch eine Frage stellen kann, sollte ich dankbar sein.

Also gehe ich am nächsten Tag mit der festen Absicht in die Redaktion, endlich mit dem alles entscheidenden Indianerhäuptling die Zukunft meiner großartigen Karriere zu besprechen. Ich betrete sein Büro, räuspere mich und beginne mit einem mutigen: »Hast du die Titelgeschichte im *Spiegel* gelesen?« Und wenn wir mit dem Thema fertig sind, könnten wir dann vielleicht auch noch eine Runde übers Wetter reden, bitte?

Die Deutsch-Ungarische Industrie- und Handelskammer hat einmal eine Umfrage unter ihren Mitgliedern durchgeführt, überwiegend in Ungarn ansässige deutsche Unternehmen mit binationaler Belegschaft. Das Ergebnis: Der ungarische Arbeitnehmer an sich ist ungenau, unpünktlich und unterwürfig, er braucht erst einmal eine halbe Stunde Smalltalk über Kind und Kegel, bevor er zum Wesentlichen kommt, er kann nicht nein sagen, kann keine Kritik äußern, kann nicht mit Kritik umgehen, ist dafür aber äußerst kreativ bei der Lösung von Problemen und ein Meister im Improvisieren. Der Deutsche dagegen arbeitet nach Schema F und sagt sofort, was Sache ist. Punkt.

Sieht man sich Ági und mich an, so könnte einem der Gedanke kommen, wir hätten die Identität getauscht: Sie ist pünktlich, sie treibt zur Eile an, sie führt Listen, sie liebt organisierte Arbeitsabläufe, sie hasst Smalltalk, sie platzt sofort mit ihrer Meinung raus und sie hat ein Problem mit Autoritäten. Kommt ihr irgendjemand dumm, kann er sich aber direkt mal auf was gefasst machen – auch wenn er doppelt so groß und dreimal so schwer wie sie ist. Ági würde das Gespräch, das mir gerade bevorsteht, wahrscheinlich im Vorbeigehen erledigen.

Aber ich bin nicht Ági und deshalb klingt das bei mir so: »Tja, also, warum ich eigentlich hier bin, ist Folgendes: Ich find Budapest gut, ich find die Zeitung gut, Budapest und die Zeitung finden mich gut, also, glaub ich zumindest, und deshalb dachte ich mir ...«

»... dass du hier bleibst? Super. Dann muss ich nicht nach einem Nachfolger für dich suchen.«

»Ja, aber eigentlich bin ich mir noch nicht sicher.«

»Also, ich würde dich gern als Redakteurin über-nehmen. Und mehr Geld ist dann natürlich auch drin. Denk drüber nach und sag mir Bescheid.«

Das hätten wir. Damit gehöre ich nun wohl ganz of-fiziell nicht mehr zur Randgruppe der Paprikantinnen, sondern zum erlauchten Kreis der Besserverdienen-den. Wenn ich will.

39. Du und dein Hausmeister

Ob ich will oder nicht, muss mir Deutschland beantworten. Bevor ich mich aber auf den Weg dahin mache, spreche ich mal eben noch mit dem Hausmeister meines Vertrauens über die Niagarafälle in meinem Badezimmer. Der Grund: Heute Morgen klingelte mein Wecker. Das macht der manchmal. Einfach so. Wie immer schmiss ich ihn in die Ecke, drehte mich um und versuchte weiterzuschlafen.

Ich hatte es auch schon fast geschafft, da fiel mir ein plätscherndes Geräusch auf. Egal, dachte ich mir, vielleicht nimmt der Nachbar zu dieser nachtschlafenden Zeit ein Vollbad oder so. Eine Stunde später schälte ich mich dann doch noch aus dem Bett, kroch mit verklebten Augen Richtung Bad und landete in einer großen kalten Pfütze. Und das am frühen Morgen.

Das Plätschern stammte also doch aus meinem Badezimmer, nicht aus der Wanne meines Nachbarn. Ich trat als Erstes reflexartig gegen die Waschmagd, aber die konnte in dem Fall gar nichts dafür. Der Schlauch des Warmwasserzulaufs zum Waschbecken war porös und wies ein riesiges Loch auf, aus dem fröhlich ein ziemlich breites Bächlein auf den Boden sprudelte. Ich drehte das warme Wasser ab, wischte fluchend den Boden und duschte mich anschließend mit eiskaltem Wasser. Am frühen Morgen, ich möchte es noch einmal betonen.

Deshalb also muss ich einmal mehr meinen persönlichen Lieblingshausmeister konsultieren. Der kennt sich aus in solchen Dingen. Wo auch immer es etwas zu bohren, zu schrauben oder zu reparieren gibt – mein freundlicher Hausmeister ist zur Stelle und erledigt das, ohne ein großes Aufhebens darum zu machen.

Allerdings folgt die Bezahlung seiner Dienstleistungen mir völlig unbekannten Gesetzen: Noch nie hat er mich um Geld gebeten, aber das heißt gar nichts. Die Ungarn fragen andere zwar sehr offenherzig nach deren Gehalt, sind aber eher zurückhaltend, wenn es um die Honorierung eines Gefallens geht. Und weil mir das Thema Geld nicht eben auf der Zunge brennt, habe ich den Hausmeister meines Vertrauens noch nie gefragt, was er eigentlich für seine fachmännischen Hilfestellungen bekommt.

Dabei hatte ich schon mehrmals die Gelegenheit dafür, wobei ich in aller Bescheidenheit mal anmerken darf, dass sich unsere Kommunikation im Laufe unserer fast einjährigen Beziehung stark verbessert hat. Zu Beginn, als ich noch Erziehungsprobleme mit meiner unartigen Waschmagd hatte, stammelte ich irgendwas von: »Äh, Waschmaschine! Nicht gut!« Später, als ich mehrmals mitten in der Nacht bei ihm klingeln musste, weil mein Haustürschlüssel derart verbogen war, dass ich die Tür partout nicht aufschließen konnte, habe ich immerhin schon sagen können: »Verzeihung, aber mein Schlüssel funktioniert nicht.«

Inzwischen halten mein Hausmeister und ich regelmäßig kurze Treppenhausgespräche zwischen Tür und Angel ab. Gegen Missverständnisse sind wir dabei aber noch immer nicht gefeit. Als ich neulich mein Fahrrad in den Lift hievte, hielt er mir sämtliche Türen auf und sagte zwischendurch: »Du siehst ja heute aus wie Franco.« Der Grund war wohl eine schwarze Baskenmütze auf meinem Kopf.

Ich also: »Wie Franco? Nee. Ich sehe doch eher aus wie Che Guevara!«

»Wie Che Guevara? Bist du Kommunistin?«

»Ich? Ja. Äh. Nein. Oder doch. Oder na ja. Ein bisschen. Irgendwie.«

Und während der Fahrstuhl sich in Gang setzte, überlegte ich, ob mein freundlicher Hausmeister von nun an noch freundlich zu mir sein würde. Der Ungar an sich, vor allem derjenige auf der konservativen Seite, reagiert auf das Wort Kommunismus gelegentlich ein bisschen empfindlich. Er denkt dann immer an die verhassten Ruszkis, an die sowjetischen Panzer, die 1956 über Leichen fuhren, und an die gegenwärtige Regierung, deren größere Koalitionspartei aus der ehemaligen Staatspartei hervorging, inzwischen aber eher die viel bemühte »neue Mitte« à la Blair und Schröder anpeilt.

Ob jemand für oder gegen die »Kommunisten« im Parlament ist, kann ganz schnell in einem Nachbarschaftsstreit enden oder gar langjährige Freundschaften zerstören. Die Frage meines Hausmeisters war also wahrscheinlich nicht nur billiges Höflichkeitsgeplänkel, sondern eher ein Test. Keine Ahnung, ob ich den bestanden oder versemmelt habe.

Auf jeden Fall war ich selbst schuld an der politischen Wende in unserem Gespräch. Am nächsten Tag nämlich erfuhr ich, dass »frankó« Slang ist und einfach nur »gut« bedeutet. Mein freundlicher Hausmeister wollte mir also lediglich ein Kompliment machen und ich fange mit Che Guevara an. Aber gut, der Ausländerbonus wird mich retten. Hoffentlich.

Ob mein Hausmeister mich immer noch frankó findet, kann ich ja jetzt herausfinden. Ich klingle an seiner Tür und sage: »Hilfe! In meinem Badezimmer ist ein Meer!«

»Was?«

»Na ja, jetzt nicht mehr. Aber heute Morgen war da ein Meer, weil es ein Loch beim warmen Wasser gibt. Und jetzt ist das warme Wasser weg. Äh. Verstehst du?«

»Ich seh's mir mal an.«

Und er sieht es sich nicht nur an, er wechselt auch den Schlauch aus und führt somit alles einem guten Ende zu.

»Ende gut, alles gut«, sage ich freudestrahlend, weil man diesen Satz wie so viele deutsche Sprichwörter fast Wort für Wort ins Ungarische übersetzen kann.

Seine Antwort ist weniger episch. »Tausend Forint.«

»Oh, okay, klar, hier bitte und danke.«

Jetzt weiß ich auch nicht: Haben der Hausmeister und ich mit Hilfe von Che Guevara eine neue Stufe in unserer Beziehung erreicht und reden deshalb inzwischen über Geld? Oder ist das eher ein Anzeichen dafür, dass mein kommunistischer Vorstoß jegliches Potenzial für eine Freundschaft ausgelöscht hat?

Symbolträchtig wäre der Zeitpunkt für ein klärendes Gespräch mit dem Hausmeister ja schon, immerhin steht der dritte ungarische Nationalfeiertag bevor: der 23. Oktober, an dem 1956 der Aufstand gegen die Sowjets losbrach. Einmal mehr ist deshalb die ganze Stadt ein einziges rot-weiß-grünes Farbenmeer, wobei diesmal vor allem jene Flaggen zum Einsatz kommen, aus deren Mitte die Revolutionäre damals das Wappen mit Sowjetstern und Ährenkranz rausgeschnitten haben.

Mich selbst erinnern diese durchlöcherten Flaggen immer an die schwarz-rot-goldene Variante, die im Herbst 1989 vielfach in meiner Heimat zu sehen war, bevor sie im Frühjahr 1990 mehr und mehr durch die handelsübliche deutsche Fahne ersetzt wurde. Meinen eigenen Nationalfeiertag, den 3. Oktober, habe ich vor wenigen Wochen natürlich auch zünftig gefeiert, zumal es schließlich die Ungarn waren, die vor fünfzehn Jahren ihre Grenzen zu den Habsburgern durchgeschnitten, damit den Ossis den freien Zugang zur Milka-Schokolade ermöglicht und letztlich eine entscheidende Hürde beseitigt haben auf dem Weg zum Anschluss der sowjetischen Besatzungszone an den Goldenen Westen.

Während ich also gierig in eine Banane biss, dabei »Wir sind das Volk« murmelte und so den Tag der deutschen Einheit zelebrierte, hielt mir Ági einen Zeitungsartikel unter die Nase, dem zufolge ein nicht geringer Prozentsatz der Deutschen die Berliner Mauer wieder hochziehen will. Könnt ihr ruhig machen, dachte ich kauend, ich bleibe dann hier in Ungarn und empfange abwechselnd ost- und westdeutsche Touristen. Und wenn ihr glaubt, dass das schöne Ungarnland noch mal so viele DDR-Flüchtlinge aufnimmt und versorgt wie im Spätsommer 1989, dann habt ihr euch geschnitten. Ich werde das zu verhindern wissen.

40. Heimaturlaub: Ich erkenne die Deutschen nicht wieder

Zeit für einen Heimaturlaub. Erstens: Ich muss mal nach dem Rechten sehen und herausbekommen, warum laut Zeitungsberichten ganz Deutschland in einer Wirtschaftsdepression steckt und ob ich dieser Depression lieber aus dem Weg gehen oder dagegen ankämpfen will. Zweitens: Ich möchte gern mal wieder Gespräche führen, bei denen ich durch meinen Akzent und meine Fehler nicht sofort zum komischen Exoten abgestempelt werde, dem andere im besten Fall ein begeistertes »Hach, was bist du goldig« und im schlechtesten Fall abwartende Skepsis entgegenbringen.

Ich möchte Gespräche führen, die nicht berechenbar sind und die ewig gleichen Fragen beinhalten: Wo bist du her? Studierst du hier? Wirklich nicht? Was machst du stattdessen? Ach, es gibt eine deutsche Zeitung in Ungarn? Und worüber schreibst du so? Macht dir das Spaß? Wie viel verdienst du? Aber könntest du in Deutschland nicht viel mehr Geld bekommen? Dir gefällt Ungarn? Warum? Auch das Essen? Wie findest du die Ungarn? Seit wann bist du hier? Und seitdem lernst du erst Ungarisch? Ist das nicht sehr schwer?

Ich kann ja jeden verstehen, der mir diese Fragen stellt. Ich wäre wahrscheinlich im umgekehrten Fall nicht wesentlich origineller. Und eigentlich ist all das ja auch Ausdruck eines Interesses, das man niemandem ernsthaft übel nehmen darf. Das Problem ist nur, dass die Thematik zwar für alle anderen neu ist, für mich aber nicht. Darum muss ich mich während der ersten Gesprächsminuten immer langweilen. Ich fahre also auch nach Deutschland, um wenigstens vorübergehend einfach so dazuzugehören und als halbwegs normal angesehen zu werden.

Kurz nach der Ankunft in Berlin allerdings die Erkenntnis: Der Deutsche an sich ist komisch. Sehr. Irgendwie haben wir inzwischen ein Kommunikationsproblem – trotz gemeinsamer Muttersprache. So komme ich gleich am ersten Tag forschen Schrittes aus einem Supermarkt heraus und freue mich über den Kräuterquark, den ich soeben käuflich erstanden habe. Der Quark in Ungarn ist nämlich ganz anders als der deutsche Quark, trockener irgendwie und nicht so lecker. Quark können die Ungarn nicht. Genauso wenig wie Salat. Salat können die auch nicht. Meist bekommt man sauer eingelegtes Gemüse, wenn man Vitamine bestellt.

Mit meinem Kräuterquark in der Hand laufe ich jedenfalls strahlend über den Fußweg, wo gerade ein älterer Herr steht und schön ordentlich Leergut aus der Tasche in seinen Einkaufswagen sortiert. Ich passiere den Mann nebst Wagen und werde von der Seite angefahren mit einem »Entschuldigung, dass ich hier stehe«.

Jetzt weiß ich auch nicht: Meint er das ernst oder ironisch? Habe ich ihn durch meine Anwesenheit gestört oder er mich? Meines Erachtens nach weder noch, aber wie reagiert man auf eine Entschuldigung, von der man nicht weiß, in welche Richtung sie zielt? Ich probier's mal so: »Das macht ja nichts. Kann ich Ihnen vielleicht helfen?«

Der Mann guckt mich völlig entgeistert an, widmet sich dann erneut seinen Flaschen und schüttelt dabei verständnislos den Kopf.

Tja, dann geh ich mal.

Später erkundige ich mich in einem türkischen Kiosk mit angeschlossenem Internetcafé nach dem Preis für eine halbe Stunde Worldwideweb. Eine Frau wirft mir ein »Fünfzig Cent« und die Nummer eines freien Computers hin. Ich setze mich, surfe durch die virtuelle Welt, logge mich wieder aus, sehe auf dem Monitor ein Fenster mit den Angaben fünfundzwanzig Minuten und fünfzig Cent, begebe mich zur Ladentheke und suche in meinem Portemonnaie schon mal prophylaktisch nach fünfzig Cent.

Frau: »Das macht einen Euro.«

Ich: »Versteh ich nicht, gerade eben waren es doch noch fünfzig Cent?«

»Ich sagte: ein Euro.«

»Ist ja gut.«

Ich gebe ihr einen Euro. Daraufhin kramt sie fünfzig Cent Wechselgeld hervor, reicht sie mir und zwinkert mir auch noch zu. Äh. Ja.

Kurz darauf hole ich in einer Tankstelle zwei Flaschen Bier aus dem Kühlschrank und stelle sie mit Nachdruck auf die Theke.

Junger Mann dahinter recht routiniert: »Zwei Flaschen Becks Alkoholfrei.«

Ich sehr erschrocken: »Was? Niemals! Das hier ist richtiges Bier!«

Er feixt: »Gute Reaktion.«

Man will mich hier für dumm verkaufen! Ist denn das die Möglichkeit! Erschüttert verlasse ich den Laden.

Vor der Tanke fragt mich ein Punk: »Na, Kleene, haste mal'n Cent für mich?«

»Einen Cent? Was willst du denn mit einem Cent? Mal ehrlich, ist doch lächerlich, was du hier fragst.«

»Du bist ja lustig drauf, dich find ich gut.«

»Freut mich. Dann bis dann.«

»Warte mal, dann gib mir halt einen Euro.«

»Kippe kannste haben.«

»Cool. Danke.«

Eine vorbeilaufende Frau klärt mich ungefragt darüber auf, dass man mit Berliner Punks nicht reden darf. »Ignorieren darf man sie oder ihnen verschämt eine Münze zustecken, aber mit ihnen reden auf gar keinen Fall.« Aha.

Dabei sollte man nach meiner Erfahrung eher das Gespräch mit Sachsen meiden, die sich heutzutage sogar schon in Berlin tummeln. Mitten auf dem Alex. Und da verkaufen sie ganz unbehelligt Bratwürste. Ein älteres Exemplar frage ich nach dem Weg zum Senefelder Platz. Und der geht so: auf der Luxemburg-Straße etwa zehn Minuten lang geradeaus gehen. Ankunft. Das war's. Sieht der Würstchenmann aber anders.

Er lässt seine konsumwillige Kundschaft stehen, kommt extra meinetwegen aus seinem Verkaufswagen heraus, baut sich repräsentativ vor mir auf (ich überrage ihn trotzdem um Kopfeslänge) und beginnt mit folgender Erklärung:

»Wou wolln Se hin? Senefeldor Blads? Senefeldor Blads. Hmm. Woardn Se ma. Nu, den genn isch. Där is allordings ä gaaanses Schdügge weg.«

»Das macht nichts. Ich hab Zeit. Wie muss ich denn laufen?«

»Nee, da nehm' Se ma bessor de U-Boahn.«

»Ich möchte aber lieber laufen.«

»Sin' Sie midm Foahrroad doa?«

»Äh, nee, wie gesagt, ich würde gern laufen.«

»Da nehm' Se am besdn de U zwo, noar, sin nur zwee Haldeschdelln.«

»Und wie komme ich da zu Fuß hin?«

»Das is allordings ne guhde Froache ... Hmm. Woardn

Se ma. Ach, isch wees. Da müssn Se in die Rischdung dordde loofn, noar, in die Schdroase dordde nei, das is die … Woardn Se ma. Die heesd … Oah, wie heesdn die jetse vor Schregg nochämoa? Das wees isch do eigendlisch! Da sehn Se ma, so is das midm Aldor, noar.«

Wenn Vergesslichkeit ein Indiz für hohes Alter ist, dann bin ich schon scheintot. Aber das sage ich dem Mann nicht. Ich will ihn nicht unnötig ablenken von seiner Suche nach dem Straßennamen. Und tatsächlich fällt im nächsten Moment der Groschen:

»Rosa-Luxemburg-Schdroase! So heeßd die!«

»Okay, also Luxemburg-Straße rein. Und dann?«

»Da gehn Se am besdn hier lang, noar, da vorne is eene Fußgängorambl. Sehn Se die? Dordde üborquern Se die Schdroase, noar, is sischoror. Und dann loofn Se eefach immor gradeaus, noar?«

»Ist recht. Und dann?«

»Dann machd die so än gleen' Schlengor, noar, son Gnigg. Abor Sie gehn eefach immor weidor, bis off dor räschdn Seide eene Koofi gommd.«

Ha! Koofi! Kaufhalle! Konsum oder HO? Ich freue mich sichtlich, er versteht den Anlass nicht.

Also werde ich wieder ernst: »Eine Kaufhalle also. Gut. Und was mache ich dann?«

»Dordde gehn Se eefach vorbei, noar, immor weidor gradeaus un dann is dordde dor Senefeldor Blats.«

»Ach. So einfach? Da ist dann schon der Senefelder Platz?«

»Nu.«

»Großartig. Vielen lieben Dank.«

»Nu, biddä scheen.«

Der Sachse an sich tendiert eindeutig zu einem gewissen Maß an Umständlichkeit. Man kann das durchaus Gemütlichkeit nennen und mit Kaffeetrinken assoziieren, man kann aber auch daran verzweifeln. So dürfte es den Menschen gehen, die inzwischen vor dem Würstchenstand eine ziemlich lange Schlange bilden. Aber was Schlangen angeht, ist der Ossi an sich ja relativ schmerzfrei. Und wenn Wessis dabei sind, dann müssen die sich eben daran gewöhnen, dass gut Wurst Weile haben will.

Während ich zur vielfach erwähnten Luxemburg-Straße laufe, danke ich meinem überforderten Sprachzentrum dafür, dass sich mein Heimatdialekt immer erst nach drei Tagen Dresden-Aufenthalt einstellt. Ich will mir lieber nicht vorstellen, was passiert wäre, wenn der Würstchenmann mich als seinesgleichen identifiziert hätte. Wahrscheinlich hätte er mir stundenlang seine gesamte Lebensgeschichte aufs Ohr und dazu eine Wurst in die Hand gedrückt. Mit Semmel. Aufs Haus. Und hinterher noch'n »Gäffschen« oder besser »ä Schlüggl Heesn«. Ich wäre wohl mein Lebtag nicht am Senefelder Platz angekommen.

Das mit dem Kaffee aufs Haus passiert mir aber beinahe noch bei anderer Gelegenheit: Ich sitze in einem Straßencafé bei Kaffee und Zeitung. Deutsche Zeitung. Liegt im Café aus. Kann man sich nehmen und lesen. Und verstehen. Ohne Probleme. Großartig. Ich arbeite vor lauter Freude die ganze Zeitung von vorn bis hinten durch und vergesse dabei die Zeit.

Irgendwann kommt die Kellnerin an meinen Tisch, der inzwischen im Schatten liegt und damit recht kühle Bedingungen aufweist: »Wollen Sie noch was trinken?«

»Nö, danke. Ich sitze hier noch ein bisschen und lese die Zeitung aus. Geht das?«

»Klar geht das. Aber wollen Sie wirklich nichts trinken? Einen heißen Tee vielleicht? Der geht auch aufs Haus. Sie erfrieren mir ja sonst noch hier draußen.«

»Danke, aber wirklich nicht.«

»Wie Sie wollen.«

Sehe ich denn wirklich so erbärmlich aus?

Allmählich dämmert mir, warum die deutsche Wirtschaft den Bach runtergeht: Die Punks fragen nach einem Cent, die Internetcafé-Betreiberin handelt erst den Preis hoch, um ihn im Anschluss wieder runterzuhandeln, der Tankwart treibt Schabernack mit ahnungslosen Bierkäufern, das sächsische Wurstmännchen lässt seine zahlende Kundschaft warten, um wildfremden Menschen ehrenamtlich und ausgesprochen ausführlich den Weg zu weisen, und die barmherzige Kellnerin will armen Exilanten einen Tee spendieren. So wird das nichts mit dem viel beschworenen Ende der Talfahrt. So kann das gar nichts werden.

Im Laufe der nächsten Tage wird meine These noch mehrfach bestätigt: Beim Bäcker zahle ich für eine beachtliche Menge an Backwerk einen minimalen Betrag, weil »gerade alles im Angebot« ist. Im Plattenladen steht auf einer CD 9,90 Euro, die Kassiererin will aber nur 5,90 Euro haben. In einer Kneipe errechnen wir mithilfe der Karte eine zu zahlende Summe von 12,60 Euro, der Kellner kommt aber nur auf 8,60 Euro. Und ein anderes, ebenfalls schon leicht angegrautes Wurstmännchen auf der Prager Straße in Dresden reagiert auf meine Anfrage, ob er auch Süßigkeiten im Angebot habe, mit der wenig verkaufsfördernden Antwort: »Süß sind hier nur mein Kollege und ich.« Mit funktionierender Marktwirtschaft hat das alles jedenfalls nichts zu tun. Und mit einer ausgewachsenen Depression schon mal gleich gar nicht.

Der Gipfel aller missverständlichen Gespräche ereignet sich schließlich in Dresden an der Endhaltestelle einer Straßenbahn. Bahn fährt ein, Fahrerin steigt aus, in der einen Hand eine dampfende Kaffeetasse, in der anderen eine brennende Zigarette.

Ich frage sie: »Wann fahren Sie denn los?«

»Ich bin schon weg.«

»Sie sind schon weg?«

»Ja.«

»Ach. Und wann fährt dann die nächste Bahn?«

»Die nächste ist schon lange weg. Die fuhr schon vor einer Dreiviertelstunde.«

(Ja, sind wir denn hier bei Kafka, oder was?)

»Heißt das, ich muss für immer und ewig an dieser Haltestelle hier stehen und warten, weil alle Bahnen, die ankommen, eigentlich schon längst weggefahren sind?«

Sie lacht.

Ich verwende erneut einen Satz, der eigentlich gar nicht nach Deutschland gehören sollte: »Nein, ehrlich, ich verstehe Sie nicht.«

»Wir haben Verspätung, weil am Neustädter Bahnhof gebaut wird.«

»Ach so.«

Jetzt traue ich mich gar nicht mehr zu fragen, wann die Bahn denn nun abfährt. Gott sei Dank funktioniert die nonverbale Kommunikation aber noch halbwegs, weswegen die Frau ungefragt antwortet: »Ich rauche die Zigarette hier zu Ende, trinke meinen Kaffee aus und dann geht's los.«

Vor lauter Erleichterung gebe ich mich gleich mal ganz gönnerhaft: »Lassen Sie sich ruhig Zeit.« Ganz so, als ob die Abfahrt der Bahn allein von meinem Gutdünken abhinge.

Kurz vor meinem Abflug aus Berlin nach Budapest ereilt mich noch ein letztes Missverständnis: An der Gedächtniskirche spricht mich ein Mensch an, der eine Meinungsumfrage durchführt. Ich verstehe alle Fragen, antworte nach bestem Wissen und Gewissen und will auch schon triumphierend weitergehen, als er mich

nach meiner Adresse fragt, um mir die Umfrageergeb-
nisse zukommen zu lassen. Ich sage: »Ich wohne in
Budapest.«

Darauf er: »Ach. Und wie lebt es sich so in der Tschechoslowakei?«

Nichts wie weg hier und ja keinem Ungarn von dem
Gespräch erzählen.

Nagyon szépen köszönöm

Ági und Flóra bestehen darauf, dass sie frei erfundene Personen sind. Der Rest stimmt übrigens auch nicht: Die ganze Geschichte ist von vorn bis hinten erstunken und erlogen. Trotzdem danke, liebe(s) Ungarn, für alles, was ich in den vergangenen vier Jahren erlebt hätte, *wenn* ich es erlebt hätte.

Außerdem danke ich meiner Lektorin Marion, ohne deren Vertrauen und Hilfe dieses Buch sicher nicht erschienen wäre. Auch meinen Eltern gebührt Dank, weil sie an der Entstehung des Romans nicht unwesentlich beteiligt waren, indem sie an der Entstehung der Autorin nicht unwesentlich beteiligt waren. Dasselbe gilt für István, der immerhin Ungarn und damit den Spielplatz der Paprikantin erfunden hat. Nicht zuletzt möchte ich mich ganz herzlich bei der Evolution bedanken, weil … Aber das führt jetzt vielleicht zu weit.

Jan Weiler

Maria, ihm schmeckt's nicht!

Geschichten von meiner italienischen Sippe
Originalausgabe

ISBN 978-3-548-26426-4
www.ullstein-buchverlage.de

»Als ich meine Frau heiratete, konnte ihre süditalienische Familie leider nicht dabei sein. Zu weit, zu teuer, zu kalt. Schade, dachte ich und öffnete ihr Geschenk. Zum Vorschein kam ein monströser Schwan aus Porzellan mit einem großen Loch im Rücken, in das man Bonbons füllt. Menschen, die einem so etwas schenken, muss man einfach kennenlernen.«

»Göttliche Geschichten. Ein unverzichtbarer Beitrag zur deutsch-Italienischen Freundschaft. Und saukomisch.«
Stern

»Ein wunderbar witziges, warmherziges Buch. Wer noch keine italienischen Verwandten hat, wird nach der Lektüre unbedingt welche haben wollen.«
Axel Hacke

ullstein

US66

Stefan Ulrich

Quattro Stagioni – Ein Jahr in Rom

Originalausgabe

ISBN 978-3-548-28402-6
www.ullstein-buchverlage.de

»Habt ihr's gut …« ist der Kommentar ihrer Freunde, als für Familie Ulrich endlich der alte Traum von der Dolce Vita in Bella Italia wahr wird. Doch das Leben in der ewigen Stadt erweist sich als alles andere als »dolce«: Die Wohnung ist bei der Ankunft in chaotischem Zustand und Tochter Bernadettes Meerschweinchen wird vom Hausbesitzer mit einer Ratte verwechselt. Wichtige Erkenntnisse der Rom-Anfänger: Ein Palazzo ist ein ganz normales Mehrfamilienhaus, römische Kindergeburtstage haben es in sich, und die Italiener beschweren sich auch bei strahlendem Sonnenschein andauernd übers Wetter. Trotzdem versuchen die Ulrichs, Bella Figura zu machen! Und entdecken doch noch das süße Leben in Rom.

ullstein

UB476